LEARN KOREAN THROUGH K-DRAMA 3

인기 드라마로 배우는 한국어 3

K-DRAMA KOREAN SERIES 3

LEARN KOREAN
THROUGH K-DRAMAS

Copyright © 2022 by Lee Miok

All Rights Reserved.
No part of this book may be reproduced or utilized in any form or by
any means without the written permission of the publisher.

Published in 2022 by Seoul Selection
B1, 6, Samcheong-ro, Jongno-gu, Seoul 03062, Korea
Phone: (82-2) 734-9567
Fax: (82-2) 734-9562
Email: hankinseoul@gmail.com
Website: www.seoulselection.com

ISBN: 979-11-89809-56-0 13710
Printed in the Republic of Korea

K-DRAMA KOREAN SERIES ❸

LEARN KOREAN THROUGH
K-DRAMAS

인기 드라마로 배우는 한국어

Seoul Selection

About the Book

1. How is this book structured?

As the third book in the *K-Drama Korean Series: Learn Korean through K-Dramas*, this book features five popular Korean drama (K-drama) shows that aired between 2016 and 2021: *Another Miss Oh, Something in the Rain, Strong Girl Bong-soon, Hospital Playlist* (Season 1), and *Vincenzo*. Whereas the first book centered on fantastical love stories featuring supernatural beings and the second book addressed real issues in Korean society, this third book offers an assortment of romance, comedy, fantasy, and suspense. These five shows in varying genres will provide a wide range of topics for discussion, including loss, love, equality, workplace ethics, and social justice.

The overall layout of the book is similar to the first two books. While the scripts were selected to suit students with an intermediate Korean proficiency, the vocabulary and grammar exercises range from beginner to advanced. Essential vocabulary and grammar are explained in detail, and the exercise questions are designed to help you understand the various expressions used in the featured scenes to make your learning experience more fun and relevant.

머리말

1. 3권은 어떻게 구성되었나요?

《인기 드라마로 배우는 한국어》1, 2권에 이어 3권이 나왔습니다. 3권에는 2016년부터 2021년까지 방영된 인기 드라마 〈또 오해영〉, 〈밥 잘 사주는 예쁜 누나〉, 〈힘 쎈 여자 도봉순〉, 〈슬기로운 의사생활〉 시즌 1, 〈빈센조〉이렇게 다섯 편을 실었습니다. 1권에 초월적인 존재들과 교감하는 판타지사랑 이야기들을 싣고 2권에는 좀 더 현실적인 소재를 바탕으로 한 한국 사회 이야기들을 실었다면, 3권에서는 로맨스, 코미디, 판타지, 범죄 스릴러 등장르를 골고루 섞었습니다. 장르가 다양한 다섯 편의 드라마를 통해 이별, 사랑, 평등, 직업윤리, 사회정의 등에 대해서 생각해 볼 수 있을 것입니다.

전체적인 구성은 1, 2권과 별반 다르지 않습니다. 대본의 난이도는 중급정도이지만, 단어는 초급부터 고급까지 전부 제시했습니다. 꼼꼼하게 설명한 단어와 문법 그리고 연습 문제 풀이를 통해 드라마에 나온 다양한 표현을이해하면서 한국어를 재미나게 학습할 수 있습니다.

2. How do I watch the featured scenes?

The scripts in this book have been approved by the shows' writers, and the scenes can be viewed on YouTube and Netflix via the provided links, search terms, or QR codes at any time. This book features five of the most beloved K-drama shows aired between 2016 and 2021, with each scene under five minutes. All you need is access to the Internet and YouTube or Netflix to study Korean anywhere and anytime.

3. What Korean language skills can I strengthen through this book?

This book focuses on introducing colloquial Korean expressions that are widely used in everyday contexts, which will expand your speaking range. Also introduced in the book are trendy and popular expressions, bringing you up to speed on the latest loanwords, abbreviations, slang, and idioms used among young people today. Moreover, the characters and storylines in each drama offer wider insight into Korean culture through food, fashion, and entertainment, as well as displaying values unique to the culture. Studying these scenes will help you not only gain command of the Korean language but also absorb the essence of Korean culture.

2. 드라마는 어떻게 보나요?

이 교재의 대본은 작가의 허락을 얻어 실었으며, 동영상은 유튜브와 넷플릭스에서 언제든지 시청할 수 있게 영상 링크와 검색어, QR코드를 제시했습니다. 2016년부터 2021년까지 방영된 인기 드라마 중, 다섯 편을 선정했으며 영상도 길지 않은 5분 내외로, 짧은 시간 안에 보실 수 있습니다. 인터넷만 할 수 있다면, 유튜브나 넷플릭스에 접속할 수 있다면 언제든 공부할 수 있습니다.

3. 이 책을 통해 한국어의 어떤 영역을 강화할 수 있나요?

우선 한국에서 일상적으로 쓰는 구어체 표현을 알 수 있어 듣기나 회화에 큰 도움이 됩니다. 또한 최근에 유행하는 신조어나 표현도 배울 수 있습니다. 젊은 사람들 사이에서 유행하거나 최근에 자주 쓰는 외래어, 준말, 비속어와 같은 입말을 학습할 수 있습니다. 뿐만 아니라 드라마 내용을 통해 한국 문화에 대한 이해를 넓힐 수 있습니다. 식문화, 패션 문화, 놀이 문화, 한국인들의 가치관 등을 드라마 속 인물들을 통해 자연스럽게 배울 수 있습니다. 인기 드라마의 명장면을 내 것으로 만드는 과정은 단순히 한국어만 배우는 것이 아니라 한국 문화의 진수를 흡수하는 과정이 될 것입니다.

4. Who is this book for?

This book is for all Korean language learners above the intermediate level. More than a teacher, this book will serve as a friend to help you learn and remember the new expressions and words that appear in the scenes so that you can use them in real life. This book is also for teachers of the Korean language. Incorporated into a curriculum, this book will energize the classroom and stimulate students' will to study.

Editor's note

Note that the parts of speech indicated next to the words in the "Vocabulary & Expressions" sections refer to those of the Korean words and may not coincide with those of the translated words. English example sentences, translated specifically to convey the meaning of the corresponding Korean text, may feature conjugated forms of the vocabulary for a natural read (e.g., the word "악성" on page 167).

4. 이 책은 누구에게 필요할까요?

한국 드라마를 사랑하는 중급 수준의 외국인 학습자들에게 필요합니다. 드라마 대본에 나오는 새로운 표현과 단어를 제시하여 유사한 상황에서 활용할 수 있게끔 도와줍니다. 선생님보다는 친구에 가까운 역할을 할 것입니다. 또한 현장에서 외국인 학생들을 가르치는 선생님들한테도 도움이 됩니다. 수업 분위기를 전환하여 학습 의욕을 향상시킬 수 있으므로 부교재로 사용하기에 적합합니다.

일러두기

각 과의 '단어 & 표현 익히기'에서 설명하는 단어의 품사는 한국어를 기준으로 표시한 것입니다. 영어로 번역한 단어의 품사 역시 한국어에서 그 단어의 품사를 기준으로 표시했습니다. 다만 한국어 예문을 의미를 충실히 옮기는 데 초점을 맞춰 번역한 영문 예문에서는 단어 설명에서 제시하는 품사와 다른 품사의 단어를 사용한 곳도 있습니다.(167쪽 '악성' 단어 설명 참고)

Contents

1

12–57

Another Miss Oh

18 episodes, aired on tvN from May 2 to June 28, 2016

2

58–105

Something in the Rain

16 episodes, aired on JTBC from March 30 to May 19, 2018

3

106–149

Strong Girl Bong-soon

16 episodes, aired on JTBC from February 24 to April 15, 2017

4.

150–197

Hospital Playlist Season 1

12 episodes, aired on tvN from March 12 to May 28, 2020

5

198–241

Vincenzo

20 episodes, aired on tvN from February 20 to May 2, 2021

목차

1

12-57
〈또 오해영〉
방영: tvN(2016. 5. 2~2016. 6. 28. 18부작)

2

58-105
〈밥 잘 사주는 예쁜 누나〉
방영: JTBC(2018. 3. 30~2018. 5. 19. 16부작)

3

106-149
〈힘 쎈 여자 도봉순〉
방영: JTBC(2017. 2. 24~2017. 4. 15. 16부작)

4.

150-197
〈슬기로운 의사 생활〉 시즌 1
방영: tvN(2020. 3. 12~2020. 5. 28. 12부작)

5

198-241
〈빈센조〉
방영: tvN(2021. 2. 20~2021. 5. 2. 20부작)

1과 〈또 오해영〉
Chapter 1 *Another Miss Oh*

방영: tvN(2016. 5. 2~2016. 6. 28. 18부작)
18 episodes, aired on tvN from May 2 to June 28, 2016

How to watch

- **https://www.youtube.com/watch?v=L1VF-UGht7s**
- **Netflix:** *Another Miss Oh*, Episode 13, 51:03–52:10, 52:48–53:11, 54:01–56:32.
  If the YouTube clip via the QR code is unavailable in your location, please use Netflix or other means.

또 오해영

Another
Miss
Oh

1

"아플수록 마음은 편해요."

"The more I'm in pain,
the more I feel at ease."

1 ▶ Food for Thought

Have you ever gone through a breakup? Separations cause psychological pain that is nearly unbearable for anyone.

Social psychologist Steven Duck (b. 1982) divides a relationship breakdown into four stages. In the first stage, partners ponder whether to stay in the relationship. During this stage, the partners do not voice their feelings to each other, but express their dissatisfaction unconsciously or begin spending less time with each other. The second stage is when the partners begin to voice their dissatisfaction directly and imagine their relationship ending without telling their friends. That is also the stage when they make a last effort to salvage the relationship. The third stage is the social phase, when partners tell their friends about their breakup. Breakups can sometimes be one-sided, but regardless of who initiates them, they tend to hurt and scar both partners. During the fourth stage, ex-partners sort through shared memories and items such as photos, rings, and other relics of their relationship, discarding them along with their feelings.[1]

As such, breakups don't happen overnight; they proceed slowly through several stages.

● Thinking Exercises ●

○ Which do you think the most difficult stage would be?
○ What kinds of separation are there besides breakups?

---

1) Lee, Yoonhyoung, "Psychology in Everyday Life," Naver Encyclopedia of Knowledge:
https://terms.naver.com/entry.naver?docId=3577634&cid=59039&categoryId=59044.

생각마당

　여러분은 연인과의 이별을 경험한 적이 있나요? 이별은 누구에게나 힘든 심리적 고통을 안겨 줍니다.

　사회 심리학자 스티븐 덕(Steven Duck, 1982)은 이별 과정을 네 단계로 밝히고 있습니다. 첫 번째는 이 관계를 계속 끌어갈지를 고민하는 단계입니다. 상대한테 자신의 마음을 다 이야기하지는 않지만 자기도 모르게 조금씩 불만을 드러내며 만남도 서서히 줄여 나가려고 합니다. 두 번째는 아직 주변 사람들한테 알리지는 않았지만 연인에게 조금씩 불만을 표출하며 연애가 끝난 이후도 생각하는 단계입니다. 또한 관계 회복을 위해 마지막으로 노력하는 단계이기도 합니다. 세 번째는 관계가 끝났음을 주변 사람들한테 알리는 사회적 단계입니다. 상대는 가끔 예고 없이 이별을 통보받기도 하는데, 이별을 통보하든 혹은 통보받든 서로 상처받고 고통을 겪기도 합니다. 네 번째는 그동안 연인과 만나면서 나누었던 물건들과 추억을 정리하는 단계입니다. 사진이나 커플링 같은 것을 버리기도 하고, 같이 찍은 사진이나 흔적을 정리하기도 합니다.[1)]

　이렇게 이별은 한순간에 이루어지는 것이 아니라 몇 단계 과정을 거쳐서 서서히 진행됩니다.

　●　생 각 꼭 지　●

ㅇ 이별의 단계 중에서 가장 힘든 것은 어느 단계일까요?

ㅇ 연인과의 이별 말고 세상에는 또 어떤 이별이 있을까요?

---

1) 이윤형, 〈생활 속의 심리학〉, 네이버 지식백과 참조.
　https://terms.naver.com/entry.naver?docId=3577634&cid=59039&categoryId=59044

2 ▶ About the Show

Another Miss Oh is a tvN drama made up of 18 episodes that aired from May 2 to June 28, 2016. The show features two women of the same name: Oh Hae-young. The first Oh Hae-young (played by Jeon Hye-bin) was born into wealth and is exceptionally beautiful and talented. The second Oh Hae-young (played by Seo Hyun-jin) is mediocre in every aspect and has nothing to show for herself. It so happened that the two were classmates in high school, where they were constantly compared because of their names. Then, a charming guy by the name of Park Do-kyung is thrown into the mix. Park Do-kyung was engaged to the first Oh Hae-young but was stood up on their wedding day. While heartbroken, he encounters the second Oh Hae-young and begins to see inexplicable visions about her, ultimately learning the meaning of true love.

This lovey-dovey romantic drama is still being broadcast thanks to its popularity. It has even been adapted into a musical.

● Keep these questions in mind as you watch the scene: ●

① How is Park Do-kyung coping with the breakup?
② How is Oh Hae-young trying to get over the breakup?

드라마 알아보기

　〈또 오해영〉은 2016년 5월 2일부터 6월 28일까지 tvN에서 방영한 18부작 드라마입니다.

　드라마에는 이름이 같은 두 여자가 등장합니다. 첫 번째 오해영(전혜빈)은 부잣집에서 태어났고 예쁜 외모와 뛰어난 능력을 갖추었습니다. 그에 비해 두 번째 오해영(서현진)은 외모도 평범하고 집안도 평범하고 뭐 하나 특별히 내세울 게 없습니다. 두 사람은 공교롭게도 학창 시절 같은 반에 다녔고 이름도 같아서 끊임없이 비교를 당하게 됩니다. 이들 사이에 박도경이란 잘생기고 멋진 남자가 등장하는데, 박도경은 첫 번째 오해영과 결혼을 약속한 적 있으나 결혼식 날 갑자기 사라진 그녀로 인해 마음의 상처를 받은 과거가 있습니다. 그러나 두 번째 오해영을 알게 되고 우연히 그녀의 미래를 보게 되면서 진짜 사랑이 무엇인지 알게 됩니다.

　남녀의 알콩달콩 로맨스를 다룬 이 드라마는 그 인기에 힘입어 뮤지컬로도 만들어졌고 지금도 상영 중입니다.

┌─── ● 읽기 전 생각할 것 ● ───
│ ① 박도경은 이별의 고통을 어떻게 느끼고 있습니까?
│ ② 오해영은 이별의 고통을 어떻게 이겨 내려고 합니까?
└

Watch the Scene

 # Scene 1

Lee Jin-sang	I have a shocking card up my sleeve that could blow away your agony at once, but I can't reveal it. I really want to, but I can't because you might kill me. But with a single blow, your head would totally be wiped clean . . .
Park Soo-kyung	I have a card up my sleeve that would shut you up at once.
Lee Jin-sang	I mean, we'd at least need to have similar interests for me to take you out to have fun. Right? You want to go through the full course tonight and go to a club, a nightclub, and then a room salon? Now, why would you lie down there?
Park Do-kyung	I'm tired.
Lee Jin-sang	Then go lie down upstairs.
Park Do-kyung	I'm too tired to go upstairs.

드라마 보기

#장면 1

이진상
naega jigeum neoui geu goeroumeul han bange nallyeo beoril su
내가 지금 너의 그 괴로움을 한 방에 날려 버릴 수

inneun wanjeon syokinghan kadeuga inneunde ha geugeol kkal suga
있는 완전 쇼킹한 카드가 있는데 하, 그걸 깔 수가

eopda mujihage kkago sipeunde kkatdaga maja jugeulkka bwa
없다. 무지하게 까고 싶은데 깠다가 맞아 죽을까 봐

mot kkagesseo geunde neo jinjja igeo han bangimyeon jigeum ne saenggak
못 까겠어. 근데 너 진짜 이거 한 방이면 지금 네 생각,

ttansaenggak wanjeon hanado
딴생각 완전 하나도······.

박수경
naega ne geu ip han bange mageul kadeuga itda
내가 네 그 입 한 방에 막을 카드가 있다.

이진상
ani mwo uriga chwihyangi biseutagirado haeyaji eodi
아니 뭐, 우리가 취향이 비슷하기라도 해야지, 어디

delkku danimyeonseo jeulgigirado haji eo animyeon neo mwo
델꾸 다니면서 즐기기라도 하지. 어? 아니면 너 뭐,

oneul jinjja narang keulleop naiteu rumsallong pulkoseuro ham
오늘 진짜 나랑 클럽, 나이트, 룸살롱 풀코스로 함

dora bollae eo geogin tto wae nuwo
돌아 볼래? 어? 거긴 또 왜 누워?

박도경
himdeureo
힘들어.

이진상
a geureom ollagaseo nuwo
아, 그럼 올라가서 누워.

박도경
ollagal himdo eopseo
올라갈 힘도 없어.

Oh Hae-young   I'm home.

Hwang Deok-yi   Dinner?

Oh Hae-young   I ate.

Hwang Deok-yi   What's wrong?

Oh Hae-young   My legs are sore. I'm going to sleep all day tomorrow, so don't wake me up.

Hwang Deok-yi   You still have that cold? Even when you're taking medicine? Want an IV injection tomorrow?

Oh Hae-young   It's okay, I think I'm getting better.

오해영
danyeowatseumnida
다녀왔습니다.

황덕이
jeonyeogeun
저녁은?

오해영
meogeosseo
먹었어.

황덕이
wae geurae
왜 그래?

오해영
dari jeoryeo na naeil haru jongil jal geonikka kkaeuji ma
다리 저려. 나 내일 하루 종일 잘 거니까 깨우지 마.

황덕이
gamgi ajikdo an tteoreojin geoya yageul meongneunde wae geurae
감기 아직도 안 떨어진 거야? 약을 먹는데 왜 그래?

naeil ringgeo majeullae
내일 링거 맞을래?

오해영
gwaenchana nanneun geo gatae
괜찮아, 낫는 거 같애.

Oh Hae-young   Walking around in tight, uncomfortable heels makes me think less about him. All of my attention stays on my feet. And when I come home to take them off, I feel happy, if only for a moment. Every time I silently crumble because memories of you pop out of nowhere, out of the most absurd places, I think, "Let it hurt. Let it hurt more." Every time I wake up in the middle of the night and check my phone, every time my feet are moving forward but my heart is bawling to go back, I think, "Let it hurt. Let it hurt more." When it hurts so much that I can't lift a finger or think straight, thoughts of him disappear. The higher the fever, the more thoughts of him disappear. The more I'm in pain, the more I feel at ease."

오해영

haru   jongil   jagaseo   bulpyeonhan   gudureul   singo   doradanimyeon
하루 종일 작아서 불편한 구두를 신고 돌아다니면

geu   saram   saenggageul   deol   hage   dwaeyo   singyeongi   ontong   bare   ga
그 사람 생각을 덜 하게 돼요. 신경이 온통 발에 가

isseunikka   geurigo   jibe   dorawa   sinbareul   beoseumyeon   aju
있으니까. 그리고 집에 돌아와 신발을 벗으면 아주

jamsinama   haengbokaejyeoyo   neudaseopsi   twieonaoneun   dangsine
잠시나마 행복해져요. 느닷없이 튀어나오는 당신에

daehan   gieok   ttaemune   jeongmal   eoieomneun   goseseo   dangsini
대한 기억 때문에. 정말 어이없는 곳에서 당신이

saenggangna   joyonghi   muneojil   ttaemada   apara   apara   deo
생각나 조용히 무너질 때마다 아파라 아파라 더

apara   saebyeoge   ireona   jakku   haendeuponeul   hwaginhal   ttaemada
아파라. 새벽에 일어나 자꾸 핸드폰을 확인할 때마다,

balgireun   apeuro   ganeunde   maeumeun   dwiro   gagetdago   ulgo
발길은 앞으로 가는데 마음은 뒤로 가겠다고 울고

isseul   ttaemada   apara   deo   apara   son   hana   kkattakaji   motal
있을 때마다 아파라 더 아파라. 손 하나 까딱하지 못할

jeongdoro   jeongsin   chariji   motal   jeongdoro   apeumyeon   geu   sarame
정도로 정신 차리지 못할 정도로 아프면 그 사람에

daehan   saenggagi   sarajyeoyo   yeori   peolpeol   kkeureulsurok   geu   saram
대한 생각이 사라져요. 열이 펄펄 끓을수록 그 사람에

daehan   saenggagi   sarajyeoyo   apeulsurok   maeumeun   pyeonhaeyo
대한 생각이 사라져요. 아플수록 마음은 편해요.

4. Vocabulary and Expressions

1 괴로움
[Noun]

Physical or emotional pain, suffering, or distress.

Ex She went through all sorts of distress.

2 한 방에
[Slang]

With a single blow; at once; immediately

Ex He subdued his opponent with a single blow.

3 날려 버리다
[Verb]

A compound word made up of "날리다 (to throw in the air)" and "버리다 (to throw away)"; to blow something up, away, or out.

Ex He blew all his money on gambling.

4 완전(히)
[Adverb]

Totally; completely; absolutely

Ex She completely forgot about the incident from her past.

5 쇼킹하다
[Adjective] [Loanword]

Shocking; extremely startling

Ex The news that the gold medalist used drugs was very shocking.

6 무지(하게)
[Adverb]

Very; super; extremely

Ex The weather is extremely hot today.

단어 & 표현 익히기

1 괴로움
[명사]

몸이나 마음이 고통스러운 상태.
또는 그런 느낌.

⑩ 그녀는 이런저런 괴로움을 겪었다.

2 한 방에
[비속어]

(속되게) 한 번에

⑩ 그는 한 방에 상대를 제압했다.

3 날려 버리다
[동사] [합성어]

날리다+버리다

⑩ 그는 도박으로 전 재산을 날려 버렸다.

4 완전(히)
[부사]

부족한 점이 없이 모든 것이 갖추어져
모자람이나 흠이 없이.

⑩ 그녀는 과거의 일을 완전(히) 잊어버렸다.

5 쇼킹하다
[형용사] [외래어]

어떤 일에 충격을 받을 만큼 매우 놀랍다.

⑩ 금메달 선수가 마약을 했다는 소식은 매우 쇼킹했다.

6 무지(하게)
[부사]

보통보다 훨씬 정도에 지나치게.

⑩ 오늘 날씨가 무지하게 덥다.

7	까다 [Verb] [Slang]	To unveil or reveal something unpleasant
		Ex Revealing the secret would put us both in a difficult position.

8	취향 [Noun]	Taste; liking; preference
		Ex People have different tastes.

9	델꾸 다니다 [Verb]	Dialect form of "데리고 다니다"; to take someone around, bring someone along, or hang out with someone
		Ex He always hung out with his little brother instead of his friends.

10	(나이트)클럽 [Noun] [Loanword]	Nightclub; a place where people can go to drink and dance at night
		Ex I hung out with my friends at a nightclub all night.

11	룸살롱 [Noun] [Loanword]	A fancy bar with private rooms where hostesses entertain customers, from the English words "room salon"
		Ex They decided to drink at a room salon today.

12	풀+코스 [Noun] [Loanword] [Compound Word]	Full course
		Ex I got my paycheck today, so I'll take you out on a full course.

7 까다
[동사] [비속어]

(속된 말로) 들추어 밝히다.

예 비밀을 까면 서로가 곤란해진다.

8 취향
[명사]

어떤 것에 대하여 좋아하거나 즐겨서 쏠리는 마음.

예 사람들은 다양한 취향을 갖고 있다.

9 델꾸 다니다
[동사] [사투리]

데리고 다니다.

예 그는 친구 대신 항상 어린 동생을 데리고 다녔다.

10 (나이트)클럽
[명사] [외래어]

밤에 술을 마시고 춤을 추면서 즐길 수 있는 곳.

예 친구들과 나이트클럽에서 밤새 놀았다.

11 룸살롱
[명사] [외래어]

방에서 접대부의 시중을 받으며 술을 마실 수 있는 고급 술집.

예 그들은 오늘 룸살롱에서 술을 마시기로 했다.

12 풀+코스
[명사] [외래어] [합성어]

전체 과정이나 절차.

예 오늘은 월급을 받았으니 내가 풀코스로 쏠게.

13 저리다
[Verb]

① For a body part to feel numb or fall asleep due to blocked circulation
② For a body part to ache or feel sore

Ex I slept with my head down on my arm, and it fell asleep.

14 종일
[Adverb]

All day; from morning till night

Ex Dad came home late after working all day.

15 링거
[Noun] [Loanword]

Intravenous (IV) drip of fluids or medicine, derived from Ringer's solution

Ex When her cold got worse, she finally got an IV drip.

16 떨어지다
[Verb]

For a disease or a bad habit to break, be dropped, or go away

Ex My son's bad habit went away.

17 신경
[Noun]

(Literally) nerves; attention, care, or concern

Ex Minsu's nerves are on edge with the test ahead.

18 느닷없이
[Adverb]

Out of the blue; all of a sudden

Ex A friend studying abroad got in touch out of the blue.

13 **저리다**
[동사]

① 뼈마디나 몸의 일부가 오래 눌려서 피가 잘 통하지 못하다.
② 뼈마디나 몸의 일부가 쑥쑥 쑤시다.

⑩ 엎드려 잤더니 팔이 저리다.

14 **종일**
[부사]

아침부터 저녁까지 내내.

⑩ 아빠는 종일 일만 하다가 늦게 들어오셨다.

15 **링거**
[명사] [외래어]

생리적인 기능을 유지할 수 있도록 몸속에 체액 대신 넣는 액체.

⑩ 그녀는 감기가 심해지자 결국 링거를 맞았다.

16 **떨어지다**
[동사]

병이나 습관 등이 없어지다.

⑩ 아들의 안 좋은 버릇이 떨어졌다.

17 **신경**
[명사]

어떤 일에 대한 느낌이나 생각.

⑩ 민수는 시험을 앞두고 신경이 예민해졌다.

18 **느닷없이**
[부사]

어떤 일이 아주 뜻밖이고 갑작스럽게.

⑩ 유학 간 친구가 느닷없이 연락을 했다.

19 **튀어나오다**
[Verb]

To bulge, protrude, or pop out

🅔 Questions popped out from all around.

20 **어이없다**
[Adjective]

Unexpected; absurd; dumbfounding

🅔 He was lost for words at the unexpected outcome.

21 **무너지다**
[Verb]

To physically or mentally crumble, collapse, or fall apart

🅔 My heart collapsed at the news that my parents were sick.

22 **발길**
[Noun]

The act of walking or kicking one's feet

🅔 Yu-ri stopped walking and looked toward the sound.

23 **까딱하다**
[Verb]

To nod once; to lift a finger

🅔 He nodded his head once instead of bowing.

24 **사라지다**
[Verb]]

To disappear, vanish, or fade away

🅔 The desire to study vanished.

25 **펄펄**
[Adverb]

In a boiling or seething manner

🅔 The child's body boiled with fever because of the flu.

19 튀어나오다
[동사]

말이나 생각이 불쑥 나오다.

예 여기저기서 질문이 튀어나왔다.

20 어이없다
[형용사]

너무 뜻밖의 일을 당해서 기가 막히는 듯하다.

예 어이없는 결과에 그는 할 말을 잃었다.

21 무너지다
[동사]

슬픈 일 등을 당하여 마음의 안정을 잃다.

예 부모님이 아프다는 소식에 마음이 무너지는 것 같았다.

22 발길
[명사]

앞으로 움직여 걸어 나가는 발.

예 유리는 가다가 발길을 멈추고 소리 나는 곳을 쳐다보았다.

23 까딱하다
[동사]

고개나 손가락을 아래위로 가볍게 한 번 움직이다.

예 그는 인사 대신 머리를 까딱했다.

24 사라지다
[동사]

생각이나 감정 등이 없어지다.

예 공부하고 싶은 생각이 사라졌다.

25 펄펄
[부사]

몸이나 방바닥이 높은 열로 몹시 뜨거운 모양.

예 감기 때문에 아이의 몸이 펄펄 끓었다.

Exercises

1 Fill in the blanks with the appropriate word from the list below.

괴로움	발길	느닷없이
취향	완전히	펄펄

1 Nothing in this world is totally new.

2 A friend I haven't heard from in a long time got in touch out of the blue.

3 I turned on the boiler, and now the floor is boiling hot.

4 The place his feet stopped was a café he had once frequented.

5 I suffered every night for my past mistakes.

6 When I was younger, I was a person of rather diverse tastes.

연습문제

1 빈칸에 알맞은 표현을 넣어 문장을 완성해 봅시다.

괴로움	발길	느닷없이
취향	완전히	펄펄

1 세상에 _____ 새로운 것은 없다.

2 소식이 없던 친구가 _____ 연락이 왔다.

3 보일러를 틀었더니 방바닥이 _____ 끓는다.

4 그가 _____ 을/를 멈춘 곳은 옛날에 자주 다니던 카페였다.

5 과거의 잘못 때문에 밤마다 _____ 에 시달렸다.

6 어렸을 때 나의 _____ 은/는 비교적 다양했다.

정답 ① 완전히 ② 느닷없이 ③ 펄펄 ④ 발길 ⑤ 괴로움 ⑥ 취향

2 Fill in the blanks with the appropriate word from the list below (conjugate if necessary).

무지하다		어이없다
저리다	까딱하다	튀어나오다

1 A: We should always watch what we say when we're drunk.

B: I know. You never know what might pop out.

2 A: It's KRW 100,000 for a T-shirt.

B: That is super expensive.

3 A: How is your foot injury?

B: I can barely lift a toe.

4 A: I can't walk because my leg is asleep.

B: Let me help you.

5 A: What do you think about this incident?

B: No matter how many times I think about it, it's ridiculous.

2 빈칸에 알맞은 표현을 넣어 대화를 완성해 봅시다.(필요시 활용형으로 바꾸세요.)

무지하다		어이없다
저리다	까딱하다	튀어나오다

1 가: 술을 마시면 항상 말조심해야 돼요.

　　나: 맞아요, 무슨 말이 _____ 알 수가 없어요.

2 가: 티셔츠 한 벌에 10만 원입니다.

　　나: _____ 비싸네요.

3 가: 다친 발은 괜찮으세요?

　　나: 겨우 발가락만 _____ 수 있을 정도예요.

4 가: 다리가 _____ 걸을 수가 없어요.

　　나: 제가 좀 부축해 드릴게요.

5 가: 이 일에 대해서 어떻게 생각하세요?

　　나: 아무리 생각해봐도 너무 _____.

정답 예시 ① 튀어나올지 ② 무지하게 ③ 까딱할 ④ 저려서 ⑤ 어이없어요

5 ▸ Form Sentences

• **Grammar 1**

TOPIK Intermediate Level **-ㄹ/을까 봐**

> Verb/Adjective **+ -ㄹ/을까 봐**
>
> - Used to describe something one did in case of or for fear of something
> - Used at the end of both positive and negative clauses
>
> ## Examples
>
> ○ I took a taxi because I was afraid I might be late for school.
>
> ○ I took a pill in advance because I was afraid I might get sick.
>
> ○ I layered up in case it was cold.

문법 익히기

● 문법 1

토픽 중급 -ㄹ/을까 봐

> **동사 / 형용사 + -ㄹ/을까 봐**
>
> - 어떤 행위가 발생하거나 어떤 상황이 될 것에 대한 우려나 추측을 나타낸다.
> - '이다, 아니다'에 붙는다.
>
> **예시** ────────────────────────
>
> ○ 학교에 늦을까 봐 택시를 탔어요.
>
> ○ 아플까 봐 미리 약을 먹었어요.
>
> ○ 추울까 봐 옷을 많이 입었어요.

1   Complete the following sentences using "-ㄹ/을까 봐."

① I eat small portions because I'm afraid of gaining weight.

② I put the money in the bank because I was afraid of losing it.

③ I came early because I was afraid the department store might be closed.

2   Complete the following dialogues using "-ㄹ/을까 봐."

① A: How was the test?

   B: I'm worried that I might get a bad grade.

② A: Are you already at the airport?

   B: I left early because I was afraid I might miss the plane.

③ A: Why don't you eat kimchi?

   B: I can't because I'm afraid it might be too spicy.

1 위의 문법을 활용하여 문장을 완성해 봅시다.

① 저는 살이 (_____ /찌다) 조금만 먹어요.

② 돈을 (_____ /잃어버리다) 은행에 넣었어요.

③ 백화점이 문을 (_____ /닫다) 일찍 왔어요.

2 위의 문법을 활용하여 대화를 완성해 봅시다.

① 가: 시험은 잘 봤어요?

나: 성적이 잘 안 _____ 걱정이 돼요.

② 가: 공항에 벌써 도착했어요?

나: 비행기 _____ 일찍 출발했어요.

③ 가: 김치는 왜 안 드세요?

나: _____ 못 먹겠어요.

| 정답 예시 | **1** ① 찔까 봐 ② 잃어버릴까 봐 ③ 닫을까 봐 |
| | **2** ① 나올까 봐 ② 놓칠까 봐 ③ 매울까 봐 |

• Grammar 2

-다가

Verb/Adjective **+ -다가**

- Used to indicate that the action or state in the previous clause is the cause of the negative result in the following clause
- Can come after "이다"
- More frequently used in the form of "-다" than "-다가" in colloquial language

Examples

○ I am going to gain weight eating so much.

○ Your health will deteriorate if all you do is drink like this.

○ I am going to grow old working all the time.

● 문법 2

토픽 중급 -다가

동사 / 형용사 + -다가

- 앞 절의 어떤 행위나 상태가 뒤 절의 부정적인 결과의 원인이나
  이유임을 나타낼 때 사용한다.
- '이다'에도 붙는다.
- 구어에서는 '-다가'보다 '-다'가 더 많이 사용된다.

예시

○ 이렇게 많이 먹다가 살찌겠어요.

○ 이렇게 술만 마시다가 몸이 망가지겠어요.

○ 일만 하다가 늙겠어요.

1 Complete the following sentences using "-다가."

① I was late because I slept in.

② I got into an accident while drunk driving.

③ I lost everything because I got greedy.

2 Complete the following dialogues using "-다가."

① A: Min-yeong, why are you so late?

　 B: I woke up late because I watched TV till late last night.

② A: How did you end up in the hospital?

　 B: I got sick from overworking.

③ A: You're wearing a cast!

　 B: I sprained my ankle while hiking.

1   위의 문법을 활용하여 문장을 완성해 봅시다.

① 늦잠을 (_____ /자다) 지각했어요.

② 술 마시고 (_____ /운전하다) 사고가 났어요.

③ 욕심을 (_____ /부리다) 모두 잃었어요.

2   위의 문법을 활용하여 대화를 완성해 봅시다.

① 가: 민영 씨, 왜 이렇게 늦었어요?
   나: 어제 밤늦게까지 텔레비전을 _____ 늦게 일어났어요.

② 가: 어쩌다가 병원에 입원했어요?
   나: 일 때문에 _____ 결국 병났어요.

③ 가: 깁스를 했네요.
   나: 등산을 _____ 발목이 삐었어요.

정답 예시
1 ① 자다가 ② 운전하다가 ③ 부리다가
2 ① 보다가 ② 무리하다가 ③ 하다가

6 Comprehension

1   Which of the following places does Lee Jin-sang not suggest that Park Do-kyung go to take his mind off the breakup?

① A club   ② A room salon   ③ A nightclub   ④ A café

2   What does this breakup feel like to Park Do-kyung?

① A cold

② Getting hit by a car

③ Getting shot

④ A fistfight

3   Read the following statements about the scene and mark O if true and X if false.

① Oh Hae-young has a cold. (   )

② Oh Hae-young took her medicine. (   )

③ Oh Hae-young got an IV drip. (   )

내용 확인하기

1 이진상이 이별을 힘들어하는 박도경에게 어디에 갈 것을 제안합니까?
해당되지 않는 것을 골라 보세요.

① 클럽   ② 룸살롱   ③ 나이트   ④ 카페

2 박도경은 이별의 고통을 어떻게 느낍니까?

① 감기에 걸린 것 같다.

② 차에 치인 것과 같다.

③ 총을 맞은 것 같다.

④ 누구하고 싸운 것 같다.

3 두 번째 장면에서 오해영에 관해 맞으면 ○, 틀리면 × 하세요.

① 오해영은 감기에 걸렸다. (   )

② 오해영은 약을 먹었다. (   )

③ 오해영은 링거를 맞았다. (   )

정답 1④ 2② 3①○ ②○ ③×

4 Why did Oh Hae-young go to work in uncomfortable shoes?

① To look nice

② To think less about her ex

③ To look tall

④ Because she has an important meeting at work

5 Why does Oh Hae-young feel happy, if only for a moment, when she takes her shoes off at home? Briefly explain.

_____

_____

4 오해영이 불편한 신발을 신고 회사에 간 이유는 무엇입니까?

① 예뻐 보이려고

② 그 사람 생각을 덜 하려고

③ 키가 커 보이려고

④ 회사에서 중요한 미팅이 있어서

5 오해영이 집에 돌아와 신발을 벗으면 잠시나마 행복해지는 이유는 무엇인가요? 짧게 서술해 보세요.

_____

_____

정답 4 ② 5 하루 종일 고통스러웠던 신발에서 드디어 해방되어

#장 면 1

이진상	내가 지금 너의 그 _____을 한 방에 날려 버릴 수 있는 완전 _____한 카드가 있는데 하, 그걸 깔 수가 없다. 무지하게 _____ 싶은데 깠다가 맞아 죽을까 봐 못 까겠어. 근데 너 진짜 이거 한 방이면 지금 네 생각, 딴생각 완전 하나도…….
박수경	내가 네 그 입 한 방에 막을 _____가 있다.
이진상	아니 뭐, 우리가 _____이 비슷하기라도 해야지, 어디 델꾸 다니면서 즐기기라도 하지. 어? 아니면 너 뭐, 오늘 진짜 나랑 클럽, 나이트, 룸살롱 _____로 함 돌아 볼래? 어? 거긴 또 왜 누워?
박도경	힘들어.
이진상	아, 그럼 올라가서 누워.
박도경	올라갈 힘도 없어.

다시 듣고 빈칸 채우기

오해영	다녀왔습니다.
황덕이	저녁은?
오해영	먹었어.
황덕이	왜 그래?
오해영	다리 저려. 나 내일 _____ _____ 잘 거니까 깨우지 마.
황덕이	감기 아직도 안 떨어진 거야? 약을 먹는데 왜 그래?
	내일 _____ 맞을래?
오해영	괜찮아, 낫는 거 같애.

오해영

하루 종일 작아서 불편한 구두를 신고 돌아다니면
그 사람 생각을 덜 하게 돼요. _____ 온통 발에 가
있으니까. 그리고 집에 돌아와 신발을 벗으면 아주
잠시나마 행복해져요. _____ 튀어나오는 당신에
대한 기억 때문에. 정말 _____ 곳에서 당신이 생각나
조용히 무너질 때마다 아파라 아파라 더 아파라.
새벽에 일어나 자꾸 핸드폰을 확인할 때마다, _____
은 앞으로 가는데 마음은 뒤로 가겠다고 울고 있을
때마다 아파라 더 아파라. 손 하나 _____하지 못할
정도로 정신 차리지 못할 정도로 아프면 그 사람에
대한 생각이 사라져요. 열이 _____ 끓을수록 그
사람에 대한 생각이 사라져요. 아플수록 마음은
편해요.

For what reasons might a couple break up? Many say that personality differences are a major reason, but each couple's answer would be different. With a friend, discuss your thoughts on or experience of separation.

	Reasons for separation
My thoughts/ experiences	
Friend's thoughts/ experiences	

과제 활동

남자가 여자와 이별하는 이유에는 어떤 것이 있을까요? 성격 차이로
헤어진다는 연인들이 많지만, 커플마다 이별하는 이유는 다 다를 것입니다.
어떤 이유 때문에 이별을 하는지 옆의 친구와 자신의 생각이나 경험을 나눠
보세요.

이별 이유	
나의 생각 (경험)	
친구의 생각 (경험)	

Read the following passage and discuss.

> Do men or women suffer more in breakups?
>
> Dr. John Oliffe, lead investigator of the men's health research program at the University of British Columbia in Canada, and his team recently interviewed 47 men after their breakup and published a study in the journal *Social Science and Medicine–Qualitative Research in Health.* The researchers asked the men to describe their relationship, including both the good and the bad, and then asked how they are coping after splitting up with their partner to examine their mental health. The researchers found that in most of those men symptoms of psychiatric disorders (such as anxiety, depression, suicidal ideation, anger, and alcohol or drug abuse) developed or worsened. In personal interviews, the researchers found that many felt isolated and withdrawn because they had no one to turn to for emotional support and that they commonly turned to alcohol or drugs to avoid feeling such complex emotions.[2]
>
> It became clear through this study that men suffer more after a breakup.

1   What is the above passage about?

2   Why do men suffer more after a breakup?

---

2) Jeong, Hee-eun, "Do Men or Women Suffer More After a Breakup?," kormedy.com, February 17, 2022: https://kormedi.com/1381964.

다음 글을 읽고 대답을 해 보세요.

> 남자와 여자가 이별을 하면 누가 더 힘들어할까요?
>
> 캐나다 브리티시컬럼비아 대학교 남성 건강 연구 프로그램 연구원 존 올리프(John Oliffe) 박사 팀은 최근 연인과 헤어진 호주와 캐나다 남성 47명을 인터뷰한 내용을 분석해 《사회과학 및 의학-건강의 질적 연구(*Social Science and Medicine-Qualitative Research in Health*)》에 발표했습니다.
>
> 연구진은 참가자들에게 좋은 점과 나쁜 점 등을 포함해 그들의 관계에 대해 설명해 보라고 요청했습니다. 그리고 연인을 잃은 후 어떻게 대처하고 있는지 질문하고 설문을 통해 정신건강 상태를 검사했습니다. 그 결과 연구진은 대부분 남성에게서 이별 후 불안, 우울, 자살 충동, 분노, 술이나 약물 사용 증가 등 정신질환 증상이 새로 나타나거나 악화됐다는 사실을 발견했습니다. 연구진은 직접 대화를 통해 많은 남성이 정서적 지원을 요청할 사람이 없어 고립감을 느끼고 움츠러들어 있는 것을 확인했습니다. 이런 복잡한 감정을 잊기 위해 술이나 약물에 의지하는 경우가 흔했다고 합니다.[2]
>
> 이 연구를 통해 이별 후 남성이 더 힘들어한다는 것을 알 수 있었습니다.

1 위의 글은 어떤 내용을 담고 있습니까?

2 연인과 이별 후 남자가 더 힘들어하는 원인은 무엇입니까?

2) 〈이별 후 남녀 중 어느 쪽이 더 힘들까?〉, 정희은 기자, 코메디닷컴 뉴스, 2022. 2. 17. https://kormedi.com/1381964

3 Have you ever experienced a breakup? Write about how
   you cope with breakups and discuss with a friend what ideal
   ways of coping might be.

My way of coping with a breakup	Ideal ways of coping with a breakup
(1)	(1)
(2)	(2)
(3)	(3)

3 여러분은 이별을 겪은 적이 있습니까? 이별에 대처하는 방법을 쓰고,
좋은 이별 대처 방법은 무엇인지 친구들과 이야기해 봅시다

나만의 이별 대처 방법	좋은 이별 대처 방법
(1)	(1)
(2)	(2)
(3)	(3)

2과 〈밥 잘 사주는 예쁜 누나〉
Chapter 2 *Something in the Rain*

방영: JTBC(2018. 3. 30~2018. 5. 19. 16부작)
16 episodes, aired on JTBC from March 30 to May 19, 2018

How to watch

- **https://www.youtube.com/watch?v=p5PthApZ_dA**
- **Netflix:** *Something in the Rain*, Episode 2, 42:18–45:03.
  If the YouTube clip via the QR code is unavailable in your location, please use Netflix or other means.

밥 잘 사주는 예쁜 누나

Something in the Rain

2

"누나가 더 이뻐."

"You're prettier, sis."

1 ▸ Food for Thought

Are you familiar with the Korean expression "썸을 타다?" This expression is derived from the English expression "There is 'something' between so and so," and it's used for two people who feel mutual chemistry and spend a lot of time together but aren't officially dating. Although the two aren't in a defined relationship at this stage as they haven't confessed their feelings to one another, they still tend to exchange subtle gestures of affection.

So where did this expression come from? Why do people stay in a "some" when they could simply confess their feelings? Two main reasons come to mind. The first is because they're afraid of rejection. They're not sure whether the other person likes them back, so they're taking time to find out for sure. The second is to make sure the other person is right for them.

The various means of sending signals to someone in this kind of relationship include texting and instant messaging.

● Thinking Exercises ●

○ What are some alternative expressions for "some?"
○ When does a "some" end and a relationship begin?

생각마당

여러분은 '썸을 타다'라는 말을 들어 본 적 있나요? 이 말은 영어 "There is something between so and so"에서 나온 말로 남녀가 아직 사귀지는 않지만 서로 호감이 있는 상태에서 가깝게 지내는 것을 말합니다. 좋아하는 감정을 고백하기 전이기에 연인이라고 할 수는 없지만 좋아하는 마음을 상대에게 미묘하게 표현하기도 합니다.

그렇다면 왜 이런 말이 생겨났을까요? "좋아한다"고 고백하면 되는데 굳이 '썸을 타는' 이유는 무엇일까요? 대략 두 가지를 생각해 볼 수 있습니다. 첫 번째는 고백했을 때 거절당할까 봐 두려워서입니다. 상대가 나를 받아 줄지 확신이 없으므로 좀 더 시간을 두고 지켜보려는 것입니다. 두 번째는 상대가 믿을 만한 사람인지 좀 더 알아보려고 하는 것입니다.

썸을 타는 과정에서는 상대에게 이런저런 신호를 보내면서 자신의 마음을 표현하는데, 대표적인 수단으로는 문자나 카카오톡 등이 있습니다.

● 생각 꼭지 ●

○ 썸을 타는 표현에는 또 어떤 것이 있을까요?

○ 언제부터 썸을 끝내고 사귄다고 할 수 있을까요?

---

2 ▸ About the Show

Something in the Rain depicts the work and romantic life of an everyday woman in her 30s. Yoon Jin-ah (played by Son Ye-jin) is best friends with Seo Kyung-seon (played by Jang So-yeon) but is also close to Seo Kyung-seon's younger brother Seo Joon-hee (played by Jung Hae-in). A peculiar chemistry forms between Yoon Jin-ah and Seo Joon-hee, and they end up becoming a cute couple.

But their relationship isn't smooth sailing. Yoon Jin-ah's mother is against their relationship, and her ex-boyfriend keeps pestering her. After a series of mishaps and fights, the two eventually break up. Yoon Jin-ah, exhausted from both work and the relationship, quits her job and moves out of her parents' house to seek independence.

It's only when Yoon Jin-ah finds herself completely alone that she begins to question what she truly wants and likes. That's when she realizes that Seo Joon-hee was the love of her life. As such, this drama realistically depicts how an ordinary woman works, loves, and handles conflicts and challenges.

● Keep these questions in mind as you watch the scene: ●

① Why is Yoon Jin-ah upset?
② How did Seo Joon-hee make her feel better?

드라마 알아보기

〈밥 잘 사주는 예쁜 누나〉는 평범한 30대 직장 여성의 일과 사랑을 그린 드라마입니다. 윤진아(손예진)는 자신의 친구 서경선(장소연)과 둘도 없는 친구지만 경선이의 동생인 서준희(정해인)와도 친하게 지냅니다. 그러다가 둘 사이에는 묘한 기류가 생기고 결국 연인으로 발전하여 예쁜 연애를 하게 됩니다.

그러나 둘 사이가 마냥 순탄한 것만은 아닙니다. 윤진아의 어머니가 반대를 하고 전 남자 친구까지 윤진아를 괴롭히기 시작합니다. 이런저런 어려움을 겪으면서 윤진아와 서준희는 자주 싸우다가 결국 헤어집니다. 직장과 연애, 둘 사이에서 지쳐 버린 윤진아는 회사에 사표를 쓰고 급기야 엄마와 함께 살던 집에서 나와 독립합니다.

오롯이 혼자가 된 윤진아는 그제야 비로소 자신이 정말 원하고 좋아하는 것들을 찾기 시작합니다. 또한 서준희가 자신의 진짜 사랑이었음을 깨닫게 됩니다. 이렇게 드라마는 평범한 30대 여성이 겪는 일과 사랑, 갈등과 고민을 현실적으로 잘 그려 내고 있습니다.

●읽 기 전 생 각 할 것●

① 윤진아는 왜 화가 났습니까?
② 서준희는 어떻게 사과를 했습니까?

Seo Joon-hee	I heard it all. How overdramatic your love life must have been for a junior colleague to pity you like that!
Yoon Jin-ah	When you date, do you just check up on each other? A relationship has to be passionate! If yours wasn't, then there's something wrong with you. That's no way to treat your significant other. That's pure ignorance. When people like each other, it's normal for them to give it their all, passionately and madly. Okay?
Seo Joon-hee	Is that so? I see you're a professional dater. I'll keep that in mind and make sure to use it.
Yoon Jin-ah	(Sighs) . . . So, why this constant sarcasm?
Seo Joon-hee	Who, me?
Yoon Jin-ah	That tone just now.
Seo Joon-hee	I'm not sarcastic.

드라마 보기

서준희	da deureotgeodeun Eolmana yoranhan yeonael haesseum hubaedu geureoke 다 들었거든. 얼마나 요란한 연앨 했음 후배두 그렇게 antakkawohae 안타까워해?
윤진아	neon yeonaehal ttae seoro anbuman mutgo sanya tteugeowoyaji 넌 연애할 때, 서로 안부만 묻고 사냐?! 뜨거워야지!! an geuraesseum niga isanghan geoya sangdaee daehan yeuiga 안 그랬음 니가 이상한 거야. 상대에 대한 예의가 aniji gaemusiji seoro joahal ttaen yeollyeolhi michin deusi 아니지. 개무시지. 서로 좋아할 땐 열렬히, 미친 듯이 bulsareuneun ge jeongsangin geoya ara 불사르는 게 정상인 거야. 알아?
서준희	eo geurae yeonaedu peuropesyeoneolhasine jal gieokaetdaga kkok 어, 그래? 연애두 프로페셔널하시네. 잘 기억했다가 꼭 sseomeogeulge 써먹을게.
윤진아	ha geunde wae akkabuteo jakku bikkoji 하…… 근데 왜 아까부터 자꾸 비꼬지?
서준희	nuga naega 누가, 내가?
윤진아	jigeum geu maltudu 지금 그 말투두.
서준희	aninde 아닌데.

Yoon Jin-ah	You did it again.
Seo Joon-hee	I'm sorry if it hurt your feelings. I apologize.
	. . . It's raining.
Yoon Jin-ah	. . . So it is.
Seo Joon-hee	The forecast didn't mention rain. You don't have an umbrella, do you?
Yoon Jin-ah	No. I'll just have to walk in the rain.
Seo Joon-hee	Why would you walk in the rain for no reason?
Yoon Jin-ah	Because I'm burning inside with rage, caused by you!
Seo Joon-hee	I apologized. Stop being mad.
Yoon Jin-ah	Well, I'm sorry too for stopping you from having that delicious pizza at that brick oven hotspot with Kang Se-young. It was out of my control, so please have the generosity to forgive me.

윤진아	^{tto} 또.
서준희	gibun nappeuge deullyeosseumyeon sagwahalge mianhae 기분 나쁘게 들렸으면 사과할게. 미안해.
서준희	bi onda ……. 비 온다.
윤진아	geureone ……. 그러네.
서준희	bi ondan yaegi eopseonneunde usan eopji 비 온단 얘기 없었는데. 우산 없지?
윤진아	eopji geunyang matgu gamyeon doeji mwo 없지. 그냥 맞구 가면 되지 뭐.
서준희	gwaenhi bireul wae majeo 괜히 비를 왜 맞어?
윤진아	neo ttaeme sogeseo yeolbul naseo geureonda wae 너 땜에 속에서 열불 나서 그런다. 왜!
서준희	mianhadagu haetjana ije jom pureora 미안하다구 했잖아. 이제 좀 풀어라.
윤진아	geurae nayamallu mianhage dwaetda gangseyeongirang 그래. 나야말루 미안하게 됐다. 강세영이랑 hatan hwadeokpijajibeseo masinneun pija mot meokge haeseo 핫한 화덕피자집에서 맛있는 피자 못 먹게 해서. bulgahangnyeogieosseunikka neogeureoun maeumeuro yongseo baranda 불가항력이었으니까 너그러운 마음으로 용서 바란다.

Seo Joon-hee	Forgive is a strong word. You can just come along. You're coming, right?
Yoon Jin-ah	I'm not a tagalong! I don't want you to feel forced to include me.
Seo Joon-hee	What do you mean, "forced?"
Yoon Jin-ah	It's forced. Didn't you say, "Do you want to come too?" Not "Let's go," but "Do you want to."
Seo Joon-hee	Did I? My tongue must have slipped because my mind was preoccupied with setting up the date.
Yoon Jin-ah	Yeah, your mind was probably deceased. Hey, do all guys simply like anyone who is pretty?
Seo Joon-hee	Sure.
Yoon Jin-ah	Asshole.
Seo Joon-hee	You're prettier, sis.

서준희	yongseokkajiya ani gachi gamyeon doeji nunadu gal geojana 용서까지야. 아니, 같이 가면 되지. 누나두 갈 거잖아.
윤진아	naega kkakduginya eokjiru kkyeo juneun del wae ga 내가 깍두기냐?! 억지루 껴 주는 델 왜 가.
서준희	museun eokjiya 무슨 억지야?
윤진아	eokji niga an geuraesseo tenunadu ollae gajadu anigu 억지? 니가 안 그랬어? "누나두 올래?" 가자두 아니구 ollaenyagu haetjana 올래냐구 했잖아.
서준희	naega geuraesseonna jeongsineopsi yaksokaneuragu mari jom 내가 그랬었나. 정신없이 약속하느라구 말이 좀 heonnawanna bone 헛나왔나 보네.
윤진아	geurae jeongsini samanghaesseotgetji ya namjadeureun ippeumyeongeunyang 그래, 정신이 사망했었겠지. 야, 남자들은 이쁘면 그냥 manyang jonnya 마냥 좋냐?
서준희	jochi 좋지.
윤진아	jaesu eopseo 재수 없어.
서준희	nunaga deo ippeo 누나가 더 이뻐.

4. Vocabulary and Expressions

1 요란하다
[Adjective]

① Loud and noisy
② Overdramatic; boisterous; clamorous

Ex People began to clamor boisterously.

2 안타깝다
[Adjective]

Unfortunate; pitiful; regrettable

Ex She unfortunately didn't pass the recent interview.

3 안부
[Noun]

Regards; news about how someone is doing; the act of saying hello

Ex He called his parents back home to say hello.

4 뜨겁다
[Adjective]

(Figuratively) Heated; passionate; intense

Ex His passion for studying was more intense than anything else.

5 예의
[Noun]

Courtesy; manners; etiquette; the civil and respectful way one should treat others

Ex One should stay courteous even with one's friends.

Chapter 2 *Something in the Rain*

단어 & 표현 익히기

1 **요란하다**
[형용사]

① 시끄럽고 떠들썩하다.
② 정도가 지나쳐 어수선하고 야단스럽다.

예 사람들이 요란하게 떠들기 시작했다.

2 **안타깝다**
[형용사]

뜻대로 되지 않거나 보기에 가엾고
불쌍해서 가슴이 아프고 답답하다.

예 이번 면접에서 그녀는 안타깝게 떨어졌다.

3 **안부**
[명사]

어떤 사람이 편안하게 잘 지내는지에 대한
소식. 또는 인사로 그것을 전하거나 묻는 일.

예 그는 고향에 계신 부모님께 전화로 안부를 전했다.

4 **뜨겁다**
[형용사]

(비유적으로) 감정이나 열정 등이 격렬하고
강하다.

예 공부에 대한 그의 열정은 무엇보다 뜨거웠다.

5 **예의**
[명사]

공손한 말투나 바른 행동과 같이 사람이
사회생활을 하면서 마땅히 지켜야 할 것.

예 친구 사이에도 예의를 지켜야 한다.

6	개무시 [Noun] [Slang]	Total ignorance, disrespect, or disregard

Ex He had a bad reputation for his tendency to totally disrespect people.

7	열렬히 [Adverb]	Passionately; ardently; enthusiastically

Ex He enthusiastically rooted for the national team.

8	미치다 [Verb]	To go crazy; to be really into something

Ex He is mad about video games.

9	불사르다 [Verb]	To incinerate; to burn up or out; to devote one's all

Ex He devoted all of his passion to the company he had just joined.

10	정상 [Noun]	Being normal; being generally free from impairment or dysfunction

Ex Test results show that everything is normal.

11	프로페셔널하다 [Adjective] [Loanword]	Having the attitude, expertise, or techniques required of a profession

Ex He is very professional when it comes to his job.

12	써먹다 [Verb]	To take advantage of something/someone

Ex A foreign language can turn out to be useful in many ways.

6	개무시 [명사]	사람을 몹시 깔보거나 업신여김.

예 사람을 개무시하는 듯한 성격 때문에 그는 평판이 안 좋다.

7	열렬히 [부사]	어떤 대상이나 일에 대한 감정이나 태도가 매우 강하고 뜨겁게.

예 그는 대표 팀을 열렬히 응원했다.

8	미치다 [동사]	지나칠 정도로 심하게 빠지다.

예 그는 게임을 미친 듯이 한다.

9	불사르다 [동사]	어떤 것을 남김없이 없애 버리다.

예 그는 새로 취직한 회사에 자신의 열정을 전부 불살랐다.

10	정상 [명사]	특별히 바뀌어 달라진 것이나 탈이 없이 제대로인 상태.

예 검사 결과 모든 것이 정상입니다.

11	프로페셔널하다 [형용사] [외래어]	어떤 일을 전문으로 할 수 있는 지식이나 기술을 가지고 있다.

예 그는 자신의 일에서만큼은 굉장히 프로페셔널하다.

12	써먹다 [동사]	필요에 따라 어떤 목적에 이용하다.

예 외국어를 배워 두면 써먹을 일이 많다.

13 **비꼬다**
[Verb]

To speak sarcastically or slightingly of something/someone

Ex He was offended by the other person's sarcastic tone.

14 **말투**
[Noun]

One's tone of speech or way of speaking

Ex How one speaks reveals one's character.

15 **괜히**
[Adverb]

For no good reason; to no purpose

Ex There is no reason for you to be sorry.

16 **열불**
[Noun]

A figurative expression for burning rage or extreme frustration

Ex I can't help but feel burning rage at the way he disrespects people.

17 **풀다**
[Verb]

To unravel; to let go of a grudge

Ex We should let go of any hurt feelings here and now.

18 **핫하다**
[Adjective] [Loanword]

Hot as in popular

Ex This is the hottest pastry item at this bakery.

19 **불가항력**
[Noun]

Force majeure; an event that can't be anticipated or controlled

Ex This incident was the result of forces beyond our control.

13 비꼬다
[동사]

상대방의 기분이 나쁘게 비웃는 태도로 말하다.

예 상대의 비꼬는 듯한 말투에 그는 기분이 나빴다.

14 말투
[명사]

말을 하는 버릇이나 형식.

예 말투에서 그 사람의 성격이 드러난다.

15 괜히
[부사]

특별한 이유나 실속이 없게.

예 네가 괜히 미안해할 필요는 없어.

16 열불
[명사]

매우 흥분하거나 화가 난 감정을 비유적으로 이르는 말.

예 사람을 이렇게 무시하니, 열불 나서 못 참겠어.

17 풀다
[동사]

마음속에 맺힌 감정을 누그러지게 하다.

예 서운한 거 있으면 이 자리에서 다 풀자.

18 핫하다
[형용사] [외래어]

많은 사람의 관심을 받아 인기가 높다.

예 이 빵은 이 가게에서 가장 핫한 빵이다.

19 불가항력
[명사]

사람의 힘으로는 막을 수 없는 힘.

예 이 일은 불가항력의 결과였다.

20 너그럽다
[Adjective]

Generous; understanding; big-hearted

Ⓔ He generously forgave his friend's mistake.

21 용서
[Noun]

Forgiveness; releasing feelings of resentment towards someone for their wrongdoing

Ⓔ He asked forgiveness for what he had done wrong.

22 깍두기
[Noun]

A figurative expression for someone who isn't welcome in any group; a tagalong

Ⓔ I don't want to be a third wheel to a couple.

23 억지
[Noun]

Obnoxious insistence; unreasonable demand; the forcing of a result

Ⓔ This won't work just because you obnoxiously insist on it.

24 껴 주다
[Verb] [Colloquial]

A composite word made up of "끼우다 (to piece or fit in)" and "주다 (to give or let)"; to include someone or let them join something

Ⓔ Let your younger sister join the game.

25 정신없이
[Adverb]

Mindlessly; frantically; in a hurry or without a chance to think something through; with one's mind preoccupied with something else

Ⓔ After losing her wallet, she frantically went around looking for it.

20	**너그럽다** [형용사]	**남의 사정을 잘 이해하고 마음 씀씀이가 넓다.**

예 친구의 잘못을 그는 너그럽게 용서해 줬다.

21	**용서** [명사]	**잘못이나 죄에 대하여 꾸중을 하거나 벌을 주지 않고 너그럽게 덮어 줌.**

예 이 일은 한 번만 용서를 해 주마.

22	**깍두기** [명사]	**(비유적으로) 어느 쪽에도 끼지 못하는 사람.**

예 커플 사이에 깍두기가 되는 거 싫어.

23	**억지** [명사]	**잘 안될 일을 무리하게 기어이 해내려는 고집.**

예 이 일은 억지 부린다고 될 일이 아니야.

24	**껴 주다** [동사]	**'한 무리에 섞이게 하다'를 뜻하는 '끼우다'에 보조용언 '주다'가 더해진 '끼워 주다'의 구어적 표현.**

예 놀이에 동생을 껴 주어라.

25	**정신없이** [부사]	**무엇에 놀라거나 몹시 몰두하거나 하여 앞뒤를 생각하거나 올바른 판단을 할 여유가 없이.**

예 그녀는 지갑을 잃어버리고 정신없이 찾으러 다녔다.

26 **헛**
[Affix]

① Unfounded; false
② Futile or fruitless

Ex 헛걸음 (fool's errand), 헛되다 (vain),
헛갈리다 (to get confused), 헛디디다 (to misstep)

27 **사망**
[Noun]

Death

Ex I couldn't help but be shocked at the news of my friend's sudden death.

28 **마냥**
[Adverb]

Forever; indiscriminately; blindly; just (for no reason)

Ex People can't just be happy forever.

29 **재수**
[Noun]

luck; fortune

Ex There are days that are particularly lucky.

26	헛 [접사]	① '근거 없는', '보람 없는'의 뜻을 더하는 　접두사. ② '보람 없이', '잘못'의 뜻을 더하는 　접두사.

예 헛걸음, 헛되다, 헛갈리다, 헛디디다

27	사망 [명사]	사람이 죽음.

예 친구의 갑작스러운 사망 소식을 듣고 놀라지 않을 수
없었다.

28	마냥 [부사]	언제까지나 계속하여.

예 사람이 마냥 행복할 수는 없어.

29	재수 [명사]	좋은 일이 생길 운수.

예 특별히 재수가 좋은 날이 있다.

2
밥
잘
사
주
는
예
쁜
누
나

Exercises

1 Fill in the blanks with the appropriate word from the list below.

안부	불가항력	개무시
말투	억지	깍두기

1 My sister kept obnoxiously insisting even though she was in the wrong.

2 The transfer student was treated like a tagalong by their classmates.

3 One's tone of speech has to be amiable to give people a good impression.

4 He remembered when he was totally ignored by people because he had no money.

5 I sent a letter to say hello to a teacher who lives far away.

6 The recent forest fire was a force majeure event.

연습문제

1 빈칸에 알맞은 표현을 넣어 문장을 완성해 봅시다.

안부	불가항력	개무시
말투	억지	깍두기

1 동생은 자신이 잘못했는데도 계속 _____을/를 부렸다.

2 전학 온 그는 친구들 사이에서 _____ 신세였다.

3 _____이/가 고와야 사람들에게 좋은 인상을 준다.

4 그는 돈이 없다고 사람들에게 _____ 당했던 때를 떠올렸다.

5 멀리 있는 선생님께 _____ 편지를 보내다.

6 이번 산불은 _____의 자연재해였다.

정답 ① 억지 ② 깍두기 ③ 말투 ④ 개무시 ⑤ 안부 ⑥ 불가항력

2밥 잘 사주는 예쁜 누나

2과 〈밥 잘 사주는 예쁜 누나〉

2 Fill in the blanks with the appropriate word from the list below (conjugate if necessary).

불사르다	써먹다
비꼬다	너그럽다

1 A: This incident was my fault.

  B: I'll be generous and forgive you this once.

2 A: What are we learning this for?

  B: I'm sure we will have a chance to use it later.

3 A: Why does it sound like you're being sarcastic?

  B: I'm sorry if that's how I sounded.

4 A: What are your plans moving forward?

  B: I'll devote all my passion to doing my best.

2 빈칸에 알맞은 표현을 넣어 대화를 완성해 봅시다.(필요시 활용형으로 바꾸세요.)

불사르다	써먹다
비꼬다	너그럽다

1 가: 이번 일은 제가 잘못했습니다.

　　나: 이번 한 번은 _____ 용서해주마.

2 가: 이걸 배워서 뭐하지?

　　나: 나중에 분명 _____ 일이 있을 거야.

3 가: 왜 말투가 _____ 것 같지?

　　나: 그렇게 들렸다면 죄송합니다.

4 가: 앞으로 어떻게 할 생각인가?

　　나: 저의 모든 열정을 _____ 열심히 하겠습니다.

정답 예시 ① 너그럽게 ② 써먹을 ③ 비꼬는 ④ 불살라

5 Form Sentences

• **Grammar 1**

TOPIK Intermediate Level **-어야지**

Verb/Adjective + -어야지

- A connective ending used to establish a prerequisite
- Used after a verb or an adjective at the end of both positive and negative clauses
- Mostly used in colloquial language

Examples

○ You have to take the medicine to get better.

○ One must work to make money.

○ One must be diligent to be successful.

문법 익히기

● 문법 1

토픽 중급 -어야지

동사 / 형용사 + -어야지

- 필수 조건을 나타내는 연결어미.
- '이다, 아니다'에 붙는다.
- 주로 구어에서 사용한다.

예시

○ 약을 먹어야지 병이 낫지요.

○ 일을 해야지 돈을 벌 수 있어요.

○ 부지런해야지 성공할 수 있어요.

1 Complete the following sentences using "-어야지."

① What should I do to appease her anger?

② You must sleep well to relieve fatigue.

③ You need an identification to enter.

2 Complete the following dialogues using "-어야지."

① A: Why am I not losing weight when I'm working out?

B: You have to eat less to lose weight.

② A: What do I need to do to become a singer?

B: You have to sing well to do so.

③ A: Why haven't you still gone home?

B: The work needs to be done for me to go home.

1 위의 문법을 활용하여 문장을 완성해 봅시다.

① 제가 어떻게 (_____/하다) 그녀의 화가 풀릴까요?

② 잠을 잘 (_____/자다) 피곤이 풀려요.

③ 신분증이 (_____/있다) 들어갈 수 있어요.

2 위의 문법을 활용하여 대화를 완성해 봅시다.

① 가: 운동하는데 왜 살이 안 빠질까요?

　나: 먹는 양을 _____ 살이 빠져요.

② 가: 어떻게 하면 가수가 될 수 있을까요?

　나: 노래를 잘 _____ 될 수 있어요.

③ 가: 왜 아직도 퇴근 안 하세요?

　나: 일이 _____ 퇴근하지요.

정답 예시
1 ① 해야지 ② 자야지 ③ 있어야지
2 ① 줄여야지 ② 해야지 ③ 끝나야지

- ## Grammar 2

TOPIK Beginner Level **-게 되다**

Verb/Adjective **+ -게 되다**

- Used to indicate that something ended up being done or became a certain way passively due to external conditions or force
- Often follows an adjective to indicate a change in circumstances

Examples

○ We ended up closing down because of a lack of customers.

○ I got to see a movie because I got a free ticket.

○ I became acquainted with Lisa after moving here.

● 문법 2

[토픽 초급] **-게 되다**

동사 / 형용사 **+ -게 되다**

- 동사에 붙어 주어의 의지나 바람과는 달리 다른 사람의 행위나 어떤
  외부적인 조건에 의해 어떤 상황에 이르게 되었음을 나타낸다.
- 주로 형용사에 붙어 어떤 상황에서 다른 상황으로 변화하였음을
  나타낸다.

예시

○ 손님이 없어서 문을 닫게 되었어요.

○ 무료 영화표가 생겨서 영화를 보게 되었어요.

○ 이사 와서 리사 씨를 알게 되었어요.

1   Complete the following sentences using "-게 되다."

① I got to eat kimchi after coming to Korea.

② I heard news about a friend for the first time in a while.

③ He has come to exercise frequently since he got sick.

2   Complete the following dialogues using "-게 되다."

① A: You seem to watch a lot of Korean dramas.
   B: I've kept watching them because they are fun.

② A: I'm sorry I had to call you at such a late hour.
   B: It's okay. Tell me what you have to say.

③ A: I'm glad I got to meet you.
   B: Me too.

1 위의 문법을 활용하여 문장을 완성해 봅시다.

① 한국에 와서 김치를 (_____ /먹다).

② 오랜만에 친구의 소식을 (_____ /듣다).

③ 아프고 나서부터 운동을 열심히 _____ /하다).

2 위의 문법을 활용하여 대화를 완성해 봅시다.

① 가: 한국 드라마를 정말 많이 보시는 것 같아요.
　 나: 재밌어서 계속 _____.

② 가: 늦은 시간에 전화를 _____ 죄송합니다.
　 나: 괜찮습니다. 말씀하세요.

③ 가: 당신을 _____ 반갑습니다.
　 나: 저도 반갑습니다.

정답 예시　**1** ① 먹게 되었어요　② 듣게 되었어요　③ 하게 되었어요
　　　　　　　2 ① 보게 돼요　② 드리게 돼서　③ 만나게 돼서

6 ▸ Comprehension

1 **Which of the following is not how Yoon Jin-ah thinks one should date?**

① ardently ② madly ③ slowly ④ passionately

2 **Why did Seo Joon-hee apologize to Yoon Jin-ah?**

① Because he was late to meet her

② Because he was deliberately sarcastic

③ Because he was totally ignorant

④ Because his tone of speech offended her

3 **Read the following statements about the scene and mark O if true and X if false.**

① It's raining outside. (　)

② Yoon Jin-ah brought an umbrella. (　)

③ Yoon Jin-ah will join Kang Se-young at the pizza place. (　)

내용 확인하기

1 윤진아는 연애할 때는 어떻게 해야 한다고 생각합니까? 해당하지 않는
   것을 고르세요.
   ① 열렬히   ② 미친 듯이   ③ 천천히   ④ 뜨겁게

2 서준희는 왜 윤진아한테 사과를 했습니까?
   ① 약속에 늦어서
   ② 일부러 비꼬아서
   ③ 개무시해서
   ④ 말투가 기분 나쁘게 들려서

3 맞으면 ○, 틀리면 × 하세요.
   ① 밖에 비가 온다. (   )
   ② 윤진아는 우산을 갖고 왔다. (   )
   ③ 윤진아는 강세영이랑 피자 모임에 갈 것이다. (   )

정답 1 ③ 2 ④ 3 ① ○ ② × ③ ×

4 Choose the sentence in which the word "깍두기" is used differently.

① This restaurant has good *kkakdugi*.

② This *kkakdugi* was handmade by my mother.

③ I've always been the *kkakdugi* wherever I go.

④ I like *kkakdugi* the best of all types of kimchi.

5 Why is Yoon Jin-ah really mad at Seo Joon-hee? Briefly explain.

_____

_____

4 '깍두기'의 의미가 다르게 쓰인 것을 골라 보세요.

① 이 식당은 깍두기가 맛있다.

② 이 깍두기는 어머니가 직접 담근 것이다.

③ 나는 어디 가나 깍두기 신세였다.

④ 나는 김치 중에서 깍두기를 제일 좋아한다.

5 윤진아가 서준희에게 화가 난 진짜 이유는 무엇입니까? 짧게 서술해 보세요.

_____

_____

정답 4 ③ 5 서준희가 강세영이랑 피자 모임에 간다고 해서.

서준희	다 들었거든. 얼마나 _____ 연앨 했음 후배두 그렇게 안타까워해?
윤진아	넌 연애할 때, 서로 _____만 묻고 사냐?! 뜨거워야지!! 안 그랬음 니가 이상한 거야. 상대에 대한 예의가 아니지. _____. 서로 좋아할 땐 _____, 미친 듯이 _____ 게 정상인 거야. 알아?
서준희	어, 그래? 연애두 _____하시네. 잘 기억했다가 꼭 써먹을게.
윤진아	하…… 근데 왜 아까부터 자꾸 _____?
서준희	누가, 내가?

다시 듣고 빈칸 채우기

윤진아	지금 그 _____두.
서준희	아닌데.
윤진아	또.
서준희	기분 나쁘게 들렸으면 사과할게. 미안해.
서준희	……. 비 온다.
윤진아	……. 그러네.
서준희	비 온단 얘기 없었는데. 우산 없지?
윤진아	없지. 그냥 맞구 가면 되지 뭐.
서준희	_____ 비를 왜 맞어?

윤진아	너 땜에 속에서 _____ 나서 그런다. 왜!
서준희	미안하다구 했잖아. 이제 좀 풀어라.
윤진아	그래. 나야말루 미안하게 됐다. 강세영이랑 _____ 화덕피자집에서 맛있는 피자 못 먹게 해서. 불가항력이었으니까 너그러운 마음으로 _____ 바란다.
서준희	용서까지야. 아니, 같이 가면 되지. 누나두 갈 거잖아.
윤진아	내가 _____ 냐?! 억지루 _____ 델 왜 가.
서준희	무슨 억지야?
윤진아	_____? 니가 안 그랬어? "누나두 올래?" 가자두 아니구 올래냐구 했잖아.

서준희　　　내가 그랬었나. _____ 약속하느라구 말이 좀 _____ 보네.

윤진아　　　그래, 정신이 사망했었겠지. 야, 남자들은 이쁘면 그냥 마냥 좋냐?

서준희　　　좋지.

윤진아　　　재수 없어.

서준희　　　누나가 더 이뻐.

8 ▸ Assignment

What kinds of text messages would a woman and a man in a "some" send each other? How are signals sent by women different from signals sent by men? Share your thoughts with your friends.

	Text messages
Men	
Women	

과제 활동

남자와 여자가 썸을 탈 때 어떤 메시지를 주고받을까요? 여자가 보내는
시그널과 남자가 보내는 시그널은 어떤 차이가 있을까요? 친구들과 생각을
나눠 보세요.

썸을 탈 때 보내는 카톡 메시지	
남자	
여자	

Read the following passage and discuss.

> Korean has an expression called *mildang*, which is similar to the English expression "playing hard to get." An abbreviation of a phrase meaning "pushing and pulling," *mildang* refers to the unspoken psychological tug-of-war or power game played between lovers, spouses, or any two individuals or institutions in a competitive relationship. If trying to figure out the other person's feelings without revealing one's own is being in a "some," then the same behavior in an official relationship could be seen as *mildang*.
>
> Typical *mildang* moves include the following: deliberately never calling first, waiting before replying to text messages, and toning down expressions of affection. These moves can make the other person anxious and zealous, but constantly sending negative signals to a partner can also tire them out after a while. As such, it seems that *mildang* has both advantages and disadvantages.

1   What is the above passage about?

2   Have you ever played *mildang* in your relationship?

다음 글을 읽고 대답을 해 보세요.

> '밀당'이라는 말이 있습니다. 밀당은 '연인이나 부부, 또는 경쟁 관계에 있는 두 사람이나 기관 사이에 벌어지는 미묘한 심리 싸움'을 의미합니다. 서로 사귀기 전에 고백하지 않고 눈치 보는 것을 '썸을 탄다'고 한다면, 사귀고 나서도 눈치 보는 것을 '밀당한다'고 합니다.
>
> 밀당의 대표적인 표현에는 다음과 같은 것들이 있습니다. 일부러 먼저 연락을 하지 않거나, 문자를 받아도 빨리 답장을 하지 않거나, 데이트를 할 때에도 좋아하는 마음을 적극적으로 표현하지 않는 것 등등입니다. 밀당을 하면 사귀는 상태에서도 상대를 불안하고 긴장하게 만들 수 있습니다. 그러나 상대한테 부정적인 신호를 계속 보낸다면 상대가 어느 순간 지칠 수도 있습니다.
>
> 밀당은 장점도 있지만 단점도 분명 있어 보입니다.

1   위의 글은 어떤 내용을 담고 있습니까?

2   여러분은 관계에서 밀당한 적이 있습니까?

3   Share your experiences of *mildang* with friends and discuss its advantages and disadvantages.

Advantages of *Mildang*	Disadvantages of *Mildang*
(1)	(1)
(2)	(2)
(3)	(3)

3   나의 밀당 경험을 나누고 밀당의 좋은 점과 나쁜 점에 대해서 친구들과
     얘기해 봅시다.

밀당의 좋은 점	밀당의 나쁜 점
(1)	(1)
(2)	(2)
(3)	(3)

3과 〈힘 쎈 여자 도봉순〉
Chapter 3 *Strong Girl Bong-soon*

방영: JTBC(2017. 2. 24~2017. 4. 15. 16부작)
16 episodes, aired on JTBC from February 24 to April 15, 2017

How to watch

- **https:**www.youtube.com/watch?v=aGW_EzAlZIc
- **Netflix:** *Strong Woman Do Bong-soon*, Episode 6, 34:20–37:09.
  If the YouTube clip via the QR code is unavailable in your location, please use Netflix or other means.

힘 쎈 여자
도봉순

Strong Girl
Bong-soon

3

"약한 사람한테는
도량을 베풀고 살아야 된다구요."

"You need to show kindness to the weak
as you go about your life."

Food for Thought

Have you ever felt discriminated against or belittled? Have you ever been disrespected or treated unfairly because of your appearance, level of education, or place of origin? Nothing hurts and infuriates us more than being disparaged or bullied for aspects of ourselves we have no control over.

We become victims of discrimination for various reasons, but we often also discriminate against others without even realizing it. We discriminate against people based on their looks and sometimes simply because they are women. We discriminate against people who have disabilities or different religions. We discriminate against people because they are from underdeveloped countries and even for being poor. As the population grows and social structures become more complex, excuses for discrimination have grown more diverse as well.

● Thinking Exercises ●

○ Aside from the ones mentioned above, what are some of the other reasons people discriminate against each other?

○ What are some examples of discriminatory statements and behavior?

생각마당

여러분은 살면서 차별받고 무시당했다고 느낀 적이 있나요? 나의 외모 때문에, 학력 때문에 또는 출신 때문에 내가 존중받지 못했거나 혹은 차별받은 경험이 있나요? 내가 잘못한 것도 아닌데 이런저런 이유로 상대가 나를 무시하고 괴롭혔다면 그것만큼 억울하고 화나는 일도 없을 겁니다.

우리는 이런저런 이유로 차별을 당하기도 하지만 자기도 모르게 차별을 하기도 합니다. 외모만 보고 차별하고, 여성이라는 이유로 차별하기도 합니다. 장애인이라고 차별하고 종교가 다르다고 차별합니다. 가난한 나라에서 왔다고 차별하고 돈이 없다고 차별합니다. 사람이 많아지고 사회가 복잡해지면서 그만큼 차별하는 이유도 다양해졌습니다.

● 생각 꼭지 ●

○ 위에서 언급한 것 말고 사람들은 또 어떤 이유로 서로를 차별할까요?
○ 차별하는 말과 행동에는 어떤 것이 있을까요?

As the title implies, *Strong Girl Bong-soon* portrays a strong woman named Do Bong-soon. Do Bong-soon (played by Park Bo-young) is a woman with a petite figure who would be completely ordinary if not for her superhuman strength. In addition to her strength, she has a burning sense of justice that forces her to confront any injustice she encounters.

Ahn Min-hyuk (played by Park Hyung-sik), a CEO of a game company who happens to witness her superpower in action, hires her as his bodyguard and eventually falls for her. In Guk-doo (played by Ji Soo), a detective assigned to protect Do Bong-soon after she witnesses a murder, also falls for her charms, completing the perfect love triangle in a suspenseful romantic drama.

As viewers watch Do Bong-soon ruthlessly take vengeance on villains who prey on the weak, they're bound to feel the kind of catharsis that washes away their experience of discrimination. The show also nudges us to think about how rampant injustice and prejudice are in the world.

● Keep these questions in mind as you watch the scene: ●

① Why did Do Bong-soon follow the man?
② What did the man initially make of Do Bong-soon?

드라마 알아보기

〈힘 쎈 여자 도봉순〉은 이름처럼 힘이 센 여자 도봉순(박보영)을 그린 드라마입니다. 도봉순은 보기에는 작고 귀여운 보통 여자지만, 남자를 초월하는 힘을 가진 괴력의 소유자입니다. 힘만 센 것이 아니라 정의감이 불타올라 불의를 보면 지나치지 않고 맞서 싸웁니다.

이런 도봉순의 힘을 우연히 목격하게 된, 게임회사 CEO 안민혁(박형식)은 봉순이를 보디가드로 쓰면서 점차 그녀를 좋아하게 됩니다. 뿐만 아니라 우연히 살인 사건의 목격자가 된 봉순이를 경호하게 된 경찰 인국두(지수)도 그녀의 매력에 빠져들어, 긴장감 넘치는 삼각관계 로맨스가 형성됩니다.

약하고 힘없는 사람들을 괴롭히고 무시하는 악당들을 시원하게 응징하는 도봉순의 활약을 보다 보면 누구나 한 번쯤은 겪었을 차별로 인한 억울함을 통쾌하게 날릴 수 있습니다. 또 세상 곳곳에 만연한 부당함과 차별에 대해 생각해 보게 됩니다.

● 읽 기 전 생 각 할 것 ●

① 도봉순은 무엇 때문에 아저씨를 쫓아갔나요?
② 아저씨는 처음에 도봉순을 어떻게 생각했나요?

3 ▸ Watch the Scene

Man	What a pair of boneheads. Wow, I've become such a softie. I have a black belt in taekwondo, you jerks!
Do Bong-soon	Mister.
Man	Mister . . . Mister? What the heck?
Do Bong-soon	Hey mister, shush. Try and pull over someplace quiet. I have something to say.
Man	Haha, oh God, yes. Oh Buddha, yes! I like quiet places. Someplace quiet with nobody around, okay. Be careful. Give me your hand. No? Okay I'm turning, I'm turning. We're here, somewhere quiet.
Do Bong-soon	Great. Could you pull over right there for a second, where no one's around?

드라마 보기

아저씨	wa jeogeotdeuri wanjeon ssangeuro michyeo gajigo eo yaha 와 저것들이 완전 쌍으로 미쳐 가지고, 어? 야하~ jinjja nae mani chakaejyeotda ya ei saekkideura naega eo 진짜 내 많이 착해졌다. 야, 에이~ 새끼들아, 내가 어? taegwondo geomeun ttida i saekkideura 태권도 검은 띠다, 이 새끼들아.
도봉순	ajeossi 아저씨.
아저씨	ajeossi ajeossi jeogeon mwoya 아저씨, 아저씨!! 저건 뭐야?
도봉순	ai ajeossi sikkeureopguyo joyonghan de cha jom sewo bwayo 아이, 아저씨, 시끄럽구요! 조용한 데 차 좀 세워 봐요. hal mari isseoseo geuraeyo 할 말이 있어서 그래요.
아저씨	haha hananim yeseu bucheonim yeseu joyonghan de jochi 하하, 하나님, 예스. 부처님, 예스! 조용한 데 좋지. joyonghan de saram eomneun de geurae ya wiheomhada son igeon 조용한 데, 사람 없는 데, 그래. 야, 위험하다, 손! 이건 aniya eo donda donda eo da watda joyonghan de 아니야? 어, 돈다 돈다, 어, 다 왔다, 조용한 데.
도봉순	ye ye jeogi saram eomneun de jom jamkkanman sewo bolkkayo 예, 예, 저기 사람 없는 데 좀 잠깐만 세워 볼까요? ajeossi 아저씨?

Man	Okay, we're here. Hey, where are you going? Hey, are you out of your mind? Why are you getting out? Hey! What is this?
Do Bong-soon	Wait here for a minute while I take care of business.
Man	Oh, okay. This is something new. (Gestures to give her a kiss)
Do Bong-soon	I mean, you shouldn't treat people who are weaker than you with such disrespect. Okay?
Ahn Min-hyuk	Wow. She's amazing.
Man	I mean, that was because . . .
Do Bong-soon	I was going to hold it in, but I couldn't help. I tried to hold it in, but I can't!
Man	Where is she going?
Ahn Min-hyuk	This is insane.
Do Bong-soon	Here we go. Hold on tight.
Man	Huh? Why? Ah! Stop!

아저씨	*ja dochakaetseumnida ya ya eodi ga ya wae mi michin geo* 자, 도착했습니다. 야, 야, 어디 가? 야, 왜, 미, 미친 거 *aniya igeo wae naeryeo eo ya ya a mwoya igeoneun* 아니야, 이거? 왜 내려, 어?, 야, 야! 아, 뭐야 이거는?
도봉순	*jamkkanman yeogi gyesyeoyo je bollil da kkeunnal dongan* 잠깐만 여기 계셔요. 제 볼일 다 끝날 동안~
아저씨	*au a i saeroun geurimijana eo eum* 아우, 아. 이, 새로운 그림이잖아. 어, 음.
도봉순	*ani jagiboda yakan sarameul geureoke hamburo hamyeon an* 아니, 자기보다 약한 사람을 그렇게 함부로 하면 안 *doejyo e* 되죠, 에?
안민혁	*wa daedanhada daedanhae* 와, 대단하다 대단해.
아저씨	*ani geugeoneun* 아니, 그거는.
도봉순	*naega chameulla geuraenneundeyo geuge jal an doedeoragu naega* 내가 참을라 그랬는데요, 그게 잘 안 되더라구. 내가 *chameulla geuraenneunde an doegesseo* 참을라 그랬는데 안 되겠어!
아저씨	*eodi ga jeogeo* 어디 가, 저거?
안민혁	*a na michyeo jinjja* 아, 나, 미쳐 진짜.
도봉순	*ja gamnida kkwak jabayo* 자, 갑니다. 꽉 잡아요.
아저씨	*eo wae a seutop* 어? 왜? 아, 스톱!

Ahn Min-hyuk	Whoa, woah!
Do Bong-soon	Why couldn't you talk back when that man told you off, huh? You had no problem cursing, threatening, and going ballistic on a woman, someone weaker than you. A guy in a nice car tells you off, and you get all scared and shrivel up. Don't you think that's too low? That's no way to live, mister. You need to show kindness to the weak as you go about your life.
Ahn Min-hyuk	What am I going to do?
Do Bong-soon	Eww, disgusting. Oh, Mr. Ahn! How long have you been here? I'm a little late, right? I'll drive. Let's go, go go. Get in, quickly. Let's go.

안민혁	와, 와!
도봉순	아저씨, 왜 남자가 뭐라고 할 때는 찍소리도 못해요. 에? 아니, 아저씨보다 연약한 여자, 약한 여자한테 뭐라고 할 때는 아주 그냥 뭐 쌍욕에 협박에 아주 생난리를 치더만. 아니, 좋은 차 타고 온 남자가 뭐라고 뭐라고 하니까 아주 그냥 막 이렇게 쫄더만요, 에? 너무 치사하다고 생각 안 합니까, 에? 아저씨 인생 그렇게 사는 거 아닙니다. 약한 사람한테는 도량을 베풀고 살아야 된다구요.
안민혁	아, 어떡하지?
도봉순	아, 드러. 아, 대표님! 어, 언제부터 여기 계셨어요? 아, 어! 아, 제가 좀 늦었죠? 운전 제가 할게요. 가요, 가요. 갑시다, 가자. 타세요, 빨리, 갑시다, 가요.

1 완전(히)
[Adverb]

Totally; completely

Ex This cake is totally yummy.

2 쌍
[Noun]

A pair; a couple

Ex Line up in pairs, please.

3 미치다
[Verb]

(Pejorative) To go mad; to act outside of common sense

Ex That person must have gone completely mad to yell so loudly at a restaurant.

4 새끼
[Noun] [Expletive]

Bastard; a pejorative word for a person

Ex She got angry and called him a "bastard."

5 아저씨
[Noun]

Mister; a middle-aged man

Ex I got lost and asked a middle-aged man for directions.

6 하나님
[Noun]

(Christian) God; the Lord

Ex Mother went to church every day to pray to God.

단어 & 표현 익히기

1 완전(히)
[부사]

필요한 것이 모두 갖추어져 모자람이나 흠이 없이.

예 이 케이크 완전 맛있어.

2 쌍
[명사]

둘이 짝을 이룬 것.

예 쌍으로 줄을 서 주세요.

3 미치다
[동사]

(낮잡는 뜻으로) 상식에서 벗어나는 행동을 하다.

예 식당에서 저렇게 크게 소리를 지르다니, 완전히 미쳤네, 미쳤어.

4 새끼
[명사] [비속어]

어떤 사람을 욕하여 이르는 말.

예 화가 나서 그녀는 "나쁜 새끼"라고 욕을 했다.

5 아저씨
[명사]

남남끼리에서 성인 남자를 이르거나 부르는 말.

예 길을 못 찾아서 모르는 아저씨한테 물었다.

6 하나님
[명사]

개신교에서 믿는 신을 부르는 이름.

예 어머니는 날마다 교회에 가서 하나님께 기도를 드렸다.

| 7 돌다 [Verb] | **To turn, rotate, or spin** |

Ex The top spins in circles.

| 8 세우다 [Verb] | **To stop a vehicle from moving** |

Ex I stopped the car and looked around.

| 9 볼일 [Noun] | **An errand; something to take care of; business** |

Ex She went downtown to run an errand.

| 10 동안 [Noun] | **During; while; for a certain period of time** |

Ex I'll stay here for just a few days.

| 11 약하다 [Adjective] | **Weak; lacking strength or solidity** |

Ex Seung-wu's body was weak, so he often caught a cold.

| 12 함부로 [Adverb] | **Carelessly; with disrespect; without permission** |

Ex You shouldn't speak carelessly just because you're in a bad mood.

| 13 꽉 [Adverb] | **Tight(ly)** |

Ex The mother hugged her daughter tight.

7	**돌다** [동사]	**물체가 일정한 점이나 선을 중심으로 원을 그리면서 움직이다.**

예 팽이가 빙글빙글 돌다.

8	**세우다** [동사]	**기계의 작동을 멈추게 하다.**

예 나는 차를 세우고 주변을 둘러보았다.

9	**볼일** [명사]	**해야 할 일.**

예 그녀는 볼일이 있어 시내에 갔다.

10	**동안** [명사]	**한때에서 다른 때까지의 시간의 길이.**

예 며칠 동안만 여기 있을게요.

11	**약하다** [형용사]	**튼튼하지 못하다.**

예 승우는 몸이 약해서 감기에 자주 걸렸다.

12	**함부로** [부사]	**조심하거나 깊이 생각하지 않고 마구.**

예 기분 나쁘다고 말을 함부로 해서는 안 된다.

13	**꽉** [부사]	**힘껏 힘주는 모양.**

예 엄마가 딸을 꽉 안아 주었다.

| 14 잡다
[Verb] | **To grab, catch, or hold** |

Ex He grabbed his friend's arm to avoid tripping.

| 15 스톱하다
[Verb] [Loanword] | **To cease activity or operation, from the English word "stop"** |

Ex Don't stop and keep working out.

| 16 찍소리
[Noun] | **The slightest attempt to talk back; a whimper** |

Ex When [my] parents scolded him, [my brother] couldn't make the slightest attempt to talk back.

| 17 연약하다
[Adjective] | **Tenuous; fragile; weak** |

Ex Min-young may seem fragile, but she is a strong individual.

| 18 쌍욕
[Noun] [An intensive variant of 상욕] | **Vulgarity; profanity** |

Ex You should not carelessly use vulgarities just because you're angry.

| 19 협박
[Noun] | **Threat; blackmail; intimidation** |

Ex He received numerous threats from an unknown caller.

14 **잡다**
[동사]

손으로 쥐고 놓지 않다.

⑩ 그는 넘어지지 않으려고 친구의 팔을 잡았다.

15 **스톱하다**
[동사] [외래어]

움직임을 멈춤. 또는 멈추라는 뜻으로 외치는 말.

⑩ 운동을 스톱하지 말고 계속해.

16 **찍소리**
[명사]

아주 조금이라도 반대하려는 말이나 태도.

⑩ 부모님이 야단치자 동생은 찍소리도 못했다.

17 **연약하다**
[형용사]

무르고 약하다.

⑩ 보기엔 연약해도 민영이는 강한 사람이야.

18 **쌍욕**
[명사] ['상욕'의 센말]

상스러운 욕설.

⑩ 화가 난다고 함부로 쌍욕을 하면 안 된다.

19 **협박**
[명사]

겁을 주고 위협하여 남에게 억지로 어떤 일을 하도록 함.

⑩ 그는 모르는 사람에게 여러 차례 협박을 받았다.

| 20 | 생난리 [Noun] | (Figurative) A big fuss; a raucous scene |

Ex I made a big fuss, thinking that I'd lost my wallet.

| 21 | 쫄다 [Verb] [Gyeongsang Dialect] | To shrivel in fear |

Ex My younger sister shriveled in fear of making a mistake in the upcoming presentation.

| 22 | 치사하다 [Adjective] | Petty or low in one's behavior |

Ex Don't be petty to save money.

| 23 | 도량 [Noun] | A broad mind and a big heart; generosity and mercy; kindness |

Ex He has a bigger heart than anyone else.

| 24 | 베풀다 [Verb] | To give or be a giving person; to show benevolence; to treat someone to something |

Ex The village treated him to a party for his success.

| 25 | 드럽다 [Adjective] [Dialect] | Dirty; messy; disgusting |

Ex Stop being so messy and spilling your food while you eat.

| 26 | 대표 [Noun] | A representative; an executive leader in charge of an organization or group |

Ex Today is the day we elect the student representative.

20	생난리 [명사]	(비유적으로) 놀라거나 흥분하여 아주 소란스럽게 떠들거나 들볶아 대는 일.

예 지갑을 잃어버린 줄 알고 생난리를 쳤지 뭐야.

21	쫄다 [동사] [경상도 사투리]	겁먹다.

예 발표를 앞두고 실수할까 봐 동생은 잔뜩 쫄았다.

22	치사하다 [형용사]	행동이나 말 따위가 쩨쩨하고 남부끄럽다.

예 돈 아끼려고 치사하게 굴지 마.

23	도량 [명사]	너그럽게 받아들이고 깊게 이해할 수 있는 마음과 생각.

예 그는 누구보다 도량이 넓다.

24	베풀다 [동사]	다른 사람에게 도움을 주어 혜택을 받게 하다.

예 성공한 그를 위해 마을에서 잔치를 베풀었다.

25	드럽다 [형용사] [사투리]	더럽다.

예 드럽게 흘리면서 먹지 마.

26	대표 [명사]	어떤 조직이나 집단의 권리를 행사하거나 책임을 맡고 있는 사람.

예 오늘은 학생 대표를 뽑는 날이야.

Exercises

1 Fill in the blanks with the appropriate word from the list below.

생난리	도량	함부로
협박	볼일	쌍

1 I made a point of stopping by the market today because I had an errand to run.

2 You shouldn't treat him with such disrespect just because he's nice.

3 I recently got a threatening text message that said, "I'll hurt you if you don't lend me money."

4 The two made such a big fuss about getting married only to end up divorced.

5 The ducks are traveling in pairs.

6 One has to have a broad mind to earn respect from people.

1 빈칸에 알맞은 표현을 넣어 문장을 완성해 봅시다.

생난리	도량	함부로
협박	볼일	쌍

1 오늘은 _____ 가/이 있어 일부러 시장에 들렀어.

2 착하다고 _____ 하면 안 돼.

3 얼마 전에 "돈 안 빌려주면 가만두지 않겠다"는 _____ 문자를 받았어.

4 두 사람은 그렇게 _____ 치면서 결혼하더니 결국 이혼했다.

5 오리들이 _____ 로/으로 다닌다.

6 _____ 가/이 넓어야 사람들한테 존중받을 수 있어.

정답 ① 볼일 ② 함부로 ③ 협박 ④ 생난리 ⑤ 쌍 ⑥ 도량

2 Fill in the blanks with the appropriate word from the list below (conjugate if necessary).

치사하다	베풀다
쫄다	연약하다

1 A: Why are you so nervous? It's unlike you.

B: I'm intimidated because there are so many people.

2 A: That guy is very popular.

B: It's because he's always very giving.

3 A: He seemed fragile but is actually very brave.

B: You should never judge someone by their appearance.

4 A: Don't be petty over a few bucks.

B: I'm really low on money these days.

2 빈칸에 알맞은 표현을 넣어 대화를 완성해 봅시다.(필요시 활용형으로 바꾸세요.)

치사하다	베풀다
쫄다	연약하다

1 가: 너답지 않게 왜 이렇게 긴장하는 거야?
　　나: 사람들이 너무 많아서 _____.

2 가: 저 사람은 정말 인기가 많네.
　　나: 평소에 사람들한테 잘 _____ 그래.

3 가: _____ 보였는데 아주 씩씩하네.
　　나: 사람은 겉모습으로 판단하면 안 돼.

4 가: 돈 몇 푼 갖고 _____ 굴지 마.
　　나: 요즘 돈이 정말 없어서 그래.

정답 예시 ① 쫄았어 ② 베풀어서 ③ 연약해 ④ 치사하게

● **Grammar 1**

-아/어 보다

Verb + **-아/어 보다**

- Used after a verb to imply that the action is being tried out or has never been done before
- Often used when suggesting or advising

Examples

○ Try taking a picture.

○ Try learning Korean through drama shows.

○ Try this (piece of clothing) on.

문법 익히기

● 문법 1

토픽 초급 **-아/어 보다**

> **동사 + -아/어 보다**
>
> - 시도를 나타내는 표현.
> - (동사에 붙어) 과거에 경험하지 않은 어떤 행위를 한번 시도함을
>   나타낸다. 권유하거나 조언하는 말을 할 때 주로 사용.
>
> **예시**
>
> ○ 사진을 한번 찍어 보세요.
>
> ○ 드라마로 한국어를 배워 보세요.
>
> ○ 이 옷을 한번 입어 보세요.

1 Complete the following sentences using "-아/어 보다."

① Let's all try to have fun today.

② Let's have an honest conversation today for once.

③ I want to go to Jeju Island for the first time.

2 Complete the following dialogues using "-아/어 보다."

① A: What is taking Min-hui so long?

   B: I don't know. She said she is on her way.

   A: Try calling her.

② A: I'm concerned about my bad skin.

   B: Try switching to a different cosmetic product.

   A: Which one?

   B: This one is good.

1 위의 문법을 활용하여 문장을 완성해 봅시다.

① 오늘 다 같이 재미있게 (_____ /놀다)?

② 오늘 솔직한 얘기 한번 (_____ /나누다).

③ 제주도에 한번 (_____ /가다) 싶어요.

2 위의 문법을 활용하여 대화를 완성해 봅시다.

① 가: 민희 씨는 왜 이렇게 안 올까요?

　나: 글쎄요, 출발했다고 했는데.

　가: 한번 _____.

② 가: 피부가 안 좋아서 고민이에요.

　나: 화장품 한번 _____.

　가: 어떤 걸로요?

　나: 이거 괜찮아요.

3
힘 쎈 여자 도봉순

정답 예시　**1** ① 놀아 볼까요 ② 나누어 봅시다 ③ 가 보고
2 ① 전화해 보세요 ② 바꿔 보세요

• Grammar 2

-ㄴ/는데

Verb/Adjective + -ㄴ/는데

- A final ending used to indicate a feeling of wonder or anticipation for the listener's reaction
- Used after a verb or an adjective at the end of both positive and negative clauses

Examples

○ It's really cold today!

○ This (piece of clothing) is the prettiest!

○ There's a lot to do today.

● 문법 2

토픽 초급 - ㄴ/는데

> **동사 / 형용사** + - ㄴ/는데
>
> - 어떤 일에 대해 감탄함 또는 듣는 사람의 반응을 기다림을 나타내는
>   종결어미.
> - (동사나 형용사, '이다, 아니다'에 붙어) 어떤 사실을 말하면서 듣는
>   사람의 반응을 기다리거나 그것에 대해 감탄하며 서술함을 나타낸다.
>
> **예시**
>
> ○ 오늘은 날씨가 상당히 추운데요.
>
> ○ 이 옷이 제일 예쁜데요.
>
> ○ 오늘은 할 일이 많은데요.

1 Complete the following sentences using "-ㄴ/는데."

① I'm free all day tomorrow.

② I don't feel so well today.

③ The room is really clean!

2 Complete the following dialogues using "-ㄴ/는데."

① A: Do you want to eat with me?
   B: Sorry, I have a previous engagement today.

② A: It's been one year since I began learning Korean.
   B: Your pronunciation is better than expected!

③ A: I cooked for the first time.
   B: You have some talent!

1 **위의 문법을 활용하여 문장을 완성해 봅시다.**

① 내일 하루 종일 (_____ /놀다).

② 오늘은 몸이 좀 (_____ /아프다).

③ 방이 상당히 (_____ /깨끗하다).

2 **위의 문법을 활용하여 대화를 완성해 봅시다.**

① 가: 같이 밥 먹을까요?
　　나: 미안해요, 오늘은 약속이 _____.

② 가: 한국어를 배운 지 1년 됐어요.
　　나: 발음이 생각보다 _____.

③ 가: 요리를 처음 해 봤어요.
　　나: 솜씨가 _____.

정답 예시 **1** ① 노는데요 ② 아픈데요 ③ 깨끗한데요
2 ① 있는데요 ② 좋은데요 ③ 있는데요

6 ▸ Comprehension

1   **Why did Do Bong-soon ask the man to go someplace quiet?**

   ① To curse him out

   ② To threaten him

   ③ To talk to him

   ④ To punish him

   *응징: punishment or retribution for wrongdoing

2   **What kind of woman did the man think Do Bong-soon was?**

   ① A petite and weak woman

   ② An incredibly strong woman

   ③ A sexy woman

   ④ A cool woman

3   **Why did Do Bong-soon punish the man? Briefly explain.**

   _____

   _____

내용 확인하기

1   도봉순은 왜 "조용한 데"로 가자고 했습니까?

　　① 쌍욕을 하려고

　　② 협박을 하려고

　　③ 이야기하려고

　　④ 응징하려고

　　*응징:잘못을 깨닫고 뉘우치도록 벌을 주어 나무람.

2   아저씨는 도봉순을 어떤 여자라고 생각했습니까?

　　① 작고 약한 여자

　　② 엄청난 힘을 가진 여자

　　③ 섹시한 여자

　　④ 멋진 여자

3   도봉순이 아저씨를 응징한 이유는 뭡니까? 짧게 서술해 보세요.

_____

_____

정답   1 ④ 2 ① 3 ① 약한 사람을 괴롭혀서,

4   **Read the following statements about the scene and mark O if true and X if false.**

① Ahn Min-hyuk was aware of Do Bong-soon's superpower. (   )

② Do Bong-soon knew that Ahn Min-hyuk was following her. (   )

③ Ahn Min-hyuk was trying to protect Do Bong-soon. (   )

5   **Which of the following counts as "showing kindness"?**

① Spending money on an expensive bag

② Sharing food with the hungry

③ Working hard

④ Giving as much as one received

4   **맞으면 ○, 틀리면 × 하세요.**

① 대표는 도봉순이 힘이 센 것을 알았다. (   )

② 도봉순은 대표가 따라오는 것을 알았다. (   )

③ 대표는 도봉순을 지켜 주려고 했다. (   )

5   **"도량을 베푸고 사는 것"에 해당하는 것을 골라보세요.**

① 돈 주고 비싼 가방을 산다.

② 배고픈 사람에게 먹을 것을 나눠 준다.

③ 열심히 일한다.

④ 받은 만큼 돌려준다.

3

힘
쎈
여
자
도
봉
순

정답 4 ① × ② × ③ ○ 5 ②

도봉순	잠깐만 여기 계셔요. 제 _____ 다 끝날 동안~
아저씨	아우, 아, 이, 새로운 그림이잖아. 어, 음.
도봉순	아니, 자기보다 _____ 사람을 그렇게 함부로 하면 안 되죠, 에?
안민혁	와, 대단하다 대단해.
아저씨	아니, 그거는.
도봉순	내가 참을라 그랬는데요, 그게 잘 안 되더라구. 내가 _____ 그랬는데 안 되겠어!
아저씨	어디 가, 저거?
아저씨	아, 나, 미쳐 진짜.
도봉순	자, 갑니다. 꽉 잡아요.
아저씨	어? 왜? 아, 스톱!

다시 듣고 빈칸 채우기

도봉순   아저씨, 왜 남자가 뭐라고 할 때는 _____도 못해요.

에? 아니, 아저씨보다 _____ 여자, 약한 여자한테

뭐라고 할 때는 아주 그냥 뭐 _____에 협박에 아주

_____를 치더만. 아니, 좋은 차 타고 온 남자가

뭐라고 뭐라고 하니까 아주 그냥 막 이렇게 쫄더만요,

에? 너무 _____ 하다고 생각 안 합니까, 에? 아저씨,

인생 그렇게 사는 거 아닙니다. 약한 사람한테는

_____을 베풀고 살아야 된다구요.

안민혁   아, 어떡하지?

도봉순   아, 드러. 아, 대표님! 어, 언제부터 여기 계셨어요? 아,

어! 아, 제가 좀 늦었죠? 운전 제가 할게요. 가요, 가요.

갑시다, 가자. 타세요, 빨리, 갑시다, 가요.

Assignment

What are some of the characteristics we consider masculine and feminine?

	Characteristics
Masculine	
Feminine	

과제 활동

①

우리가 생각하는 남자다운 것과 여자다운 것에는 어떤 것이 있을까요?

특징	
남자다운 것	
여자다운 것	

Read the following passage and discuss.

> Men report experiencing discrimination, too. "A man shouldn't shed tears." "A man should be able to provide no matter what." "This is a man's job." "You're too weak for a man." These are some of the discriminatory remarks that reflect the many qualities society demands of men, even though men are also liable to cry, be weak, or be unable to provide.
>
> They also report being misunderstood or put in awkward situations. For example, men can sometimes be mistaken for a pervert when they accidentally bump into a woman in a crowded subway or happen to be walking behind a woman in a dark alley.
>
> While women's suspicion is justified, men who have no intention of harassing women may feel that such reaction is unfair.

1   What is the above passage about?

2   What kinds of discrimination do men experience?

다음 글을 읽고 대답을 해 보세요.

> 남성도 차별을 겪는다고 합니다. "남자가 울면 안 되지", "남자는 무조건 능력이 있어야 돼", "이런 건 남자가 해야지", "남자가 왜 이렇게 힘이 없어?" 등 사회에서는 남자라서 요구하는 것들이 많습니다. 남자도 울 수 있고, 남자도 힘이 약할 수 있고, 남자도 돈을 못 벌 수 있는데도 말이지요.
>
> 또한 오해를 사거나 곤란한 상황에 몰리는 경우도 있습니다. 예컨대 사람이 많은 지하철 안에서 부주의로 여성과 접촉이 일어났을 때나 어두운 골목길에서 어쩌다 여성의 뒤에서 걷고 있었을 뿐인데 치한으로 오해받는 것 등이지요.
>
> 여성 입장에서는 당연한 반응일 수 있지만, 여성을 괴롭힐 생각이 전혀 없는 남성 입장에서는 억울할 수도 있지요.

1   위 글의 주제는 무엇입니까?

2   남성은 어떤 차별을 겪고 있습니까?

3   What are some of the common expressions used in your country to discriminate against men or women? Share the answers with friends from other countries.

Country	Discriminatory remarks about women	Discriminatory remarks about men

3   우리나라에서 남성/여성을 차별하는 말에는 각각 어떤 것이 있습니까?
     다른 나라 친구들과 이야기를 나누어 봅시다.

나라	여성을 차별하는 말	남성을 차별하는 말

3

힘 쎈 여자 도봉순

4과 〈슬기로운 의사 생활〉 시즌 1
Chapter 4 *Hospital Playlist* **Season 1**

방영: tvN(2020. 3. 12~2020. 5. 28. 12부작)
12 episodes, aired on tvN from March 12 to May 28, 2020

How to watch

- **https://**www.youtube.com/watch?v=btXrk1LvvgE
- **Netflix:** *Hospital Playlist* Season 1, Episode 1, 22:47–25:51.
  If the YouTube clip via the QR code is unavailable in your location, please use Netflix or other means.

<슬기로운 의사 생활> 시즌 1

Hospital Playlist Season 1

4.

"어머님이 힘을 내셔야죠."

"As the guardian, you have to stay strong."

Food for Thought

There are all sorts of jobs in this world, including teachers, nurses, doctors, police officers, and politicians. And in any profession, there is a code of conduct required of its practitioners, which we call "professional ethics." For a teacher, professional ethics would mean imparting accurate information and setting a good example for the students. For a doctor, it would mean treating patients out of goodwill and not for profit. The more people in every profession adhere to a strict sense of workplace ethics, the more reliable our society will become.

Doctors are expected to abide by a higher standard of professionalism and workplace ethics because they are responsible for human lives. Hospital Playlist portrays five young doctors who are dutiful and conscientious in their work, causing us to ponder the meaning of life's fiercest struggles and the vocation of medicine.

● Thinking Exercises ●

○ What are some of the ethical rules a doctor must follow?
○ What are some other jobs that require a high standard of professional ethics?

생각마당

선생님, 간호사, 의사, 경찰, 정치인 등 세상에는 수많은 직업이 있습니다. 어떤 직업이든 그 직업을 수행하는 사람에게 요구되는 행동규범이 있는데요, 우리는 그것을 '직업윤리'라고 부릅니다. 예를 들어 선생님이라고 하면 학생들한테 올바른 지식을 전달하고 모범이 될 만한 행동을 보이는 것을 의미하고, 의사라고 하면 환자를 잘 치료하고 돈을 목적으로 일하지 않는 것 등을 의미하지요. 어떤 직종에서든 투철한 '직업윤리'를 가진 사람들이 많아야. 우리 사회는 더 믿을 만한 사회가 될 것입니다.

의사는 사람의 목숨을 다루는 일을 하므로 더 높은 전문성과 직업윤리가 요구됩니다. 이 드라마는 사명감과 양심을 가지고 열심히 일하는 젊은 의사 다섯 명을 통해 치열하게 사는 것, 의사답게 사는 것은 무엇인지를 생각해 보게 합니다.

● 생각 꼭지 ●

○ 의사가 지켜야 할 윤리는 또 어떤 것이 있을까요?
○ 의사만큼 높은 직업윤리가 요구되는 직업으로 또 어떤 것이 있을까요?

This show features five colleagues who entered medical school together in 1999 and are just now entering their 40s. Lee Ik-jun (played by Cho Jung-seok) is a genius hepatobiliary surgeon whose marriage fell apart. Ahn Jeong-won (played by Yoo Yeon-seok) is a kid-loving pediatrician who is the heir to a chaebol. Kim Jun-wan (played by Jung Kyung-ho) is a cardiothoracic surgeon who is strict with his patients but hopelessly naïve when it comes to love. Yang Seok-hyeong (played by Kim Dae-myeung) is an OB-GYN who is introverted but popular with patients for his medical brilliance. And Chae Song-hwa (played by Jeon Mi-do) is a respected neurosurgeon and a model of dedication to her work. The protagonists are all excellent doctors in their fields but are also ordinary people with their own personalities and stories.

The five spend their days on the battlefield of the hospital, sharing heartaches and worries and consoling each other as ordinary people do. The careers, romance, and friendship of the five doctors whose day-to-day lives are filled with low-key yet heartwarming stories resonate with warmth and joy.

Following the great success of Season 1, Season 2 of *Hospital Playlist* was aired from June to September 2021.

● Keep these questions in mind as you watch the scene: ●

① Why did Chae Song-hwa refuse to take the "good book" the patient offered her?

② Why did Chae Song-hwa feel bad at the end?

드라마 알아보기

이 드라마는 1999년에 의대에 입학하여 마흔 살에 접어든 다섯 동기들의 의사 생활을 담고 있습니다. 천재지만 결혼에는 실패한 간담췌외과 의사 이익준(조정석), 아이들을 너무 사랑하는 재벌가 2세 소아외과 의사 안정원(유연석), 환자에겐 엄격하지만 자신의 사랑 앞에선 한없이 순수한 흉부외과 의사 김준완(정경호), 내성적인 성격이지만 뛰어난 실력으로 환자들을 몰고 다니는 산부인과 의사 양석형(김대명), 일밖에 모르는 모범생으로 존경을 한 몸에 받는 신경외과 의사 채송화(전미도), 이들은 자신의 분야에서는 뛰어난 실력을 갖춘 의사지만 다른 한편으로는 다양한 성격과 사연을 가진 지극히 평범한 인간들입니다.

이들은 전쟁터 같은 병원에서 일상을 함께하며 보통 사람들과 똑같이 아파하고 고민하고 또 위로를 나눕니다. 이 드라마는 작지만 따뜻한 이야기로 하루하루를 채워 가는 다섯 의사들의 일과 사랑, 우정을 통해 잔잔한 감동과 재미를 선사합니다.

<슬기로운 의사 생활>은 시즌 1의 큰 인기에 힘입어서 시즌 2가 2021년 6~9월에 방영되었습니다.

4

슬기로운 의사 생활 시즌 1

● 읽 기 전 생 각 할 것 ●

① 채송화는 왜 환자가 주는 "좋은 책"을 거절했을까요?

② 채송화가 마지막에 "마음이 안 좋다"고 한 이유는 뭘까요?

Watch the Scene

Chae Song-hwa	Now, try and say "Eee."
Patient 1	Eee . . .
Chae Song-hwa	How do you feel right now, comparing this side to the other side?
Patient 1	Both sides feel fine.
Chae Song-hwa	I was a little worried about facial paralysis, but it's fine. Everything's good. Take the medicine regularly like you did last time, and I'll schedule an outpatient appointment for three months from today. Thanks for coming in.
Patient 1	Thank you. And this—it's nothing much, but it's a good book, so I brought it for you to read.
Chae Song-hwa	Ah . . . This book is really good. I have a copy at home. Dr. Yong, you've read it too, right?

드라마 보기

#장면 1

채송화	ja i hanbeon hae bosilkkayo 자, 이 한번 해 보실까요?
환자 1	i 이~
채송화	jigeum neukkyeojisineun geon eotteoseyo ijjokago ijjokago 지금 느껴지시는 건 어떠세요? 이쪽하고 이쪽하고 bigyohamyeon 비교하면?
환자 1	yangjjok da joayo 양쪽 다 좋아요.
채송화	anmyeonmabiga jogeum geokjeongdwaesseonneunde gwaenchanneyo aju 안면마비가 조금 걱정됐었는데 괜찮네요. 아주 joayo yageun jinanbeonirang ttokgachi chaenggyeo deusimyeon doego 좋아요. 약은 지난번이랑 똑같이 챙겨 드시면 되고 oeraeneun samgaewol dwiro jabeulgeyo osineura gosaenghasyeosseoyo 외래는 3개월 뒤로 잡을게요. 오시느라 고생하셨어요.
환자 1	gamsahamnida jeo geurigo igeo byeolgeon aninde joeun 감사합니다. 저, 그리고 이거, 별건 아닌데 좋은 chaegiraseo ilgeo bosirago gajyeowasseoyo 책이라서 읽어 보시라고 가져왔어요.
채송화	eum i chaek neomu jochyo jeodo jibe isseoyo seokmin saemdo 음~ 이 책 너무 좋죠. 저도 집에 있어요. 석민 샘도 bwatji 봤지?

Yong Seok-min	Yes, I have. It's one of my favorites.
Patient 1	Oh, you've read it. My husband insisted that I give it to you.
Chae Song-hwa	Well, I'll see you in three months, then.
Patient 1	Okay.

용석민	ne jeodo bwatseumnida aedokseo 네, 저도 봤습니다. 애독서.
환자 1	a i chaek bosyeotguna nampyeoni kkok deurigo oraenneunde 아, 이 책 보셨구나. 남편이 꼭 드리고 오랬는데.
채송화	ja geureom samgaewol hue boelgeyo 자, 그럼 3개월 후에 뵐게요.
환자 1	ne 네.

4

슬기로운 의사 생활 시즌 1

Patient 2	Hello, doctor.
Chae Song-hwa	Hi. Please take a seat.
Guardian	Mom, sit here.
Chae Song-hwa	The results came out. You took an MRI because your CT showed a lump, and . . . unfortunately, it looks like this could be malignant, so we need to check through a biopsy. Because of your age and the bad location of the tumor, I don't think surgery is an option. For things to have gotten this far, you must have had some severe headaches. How did you cope?
Guardian	Could surgery cure it, doctor?
Chae Song-hwa	She needs chemotherapy or radiation therapy, not surgery, but we need a biopsy to confirm the diagnosis. If it's a glioma like I suspect, and if the malignancy is low-grade, say one or two, the survival rate is high with radiation therapy alone. If it's grade three or four, we'll need to carry out chemotherapy and radiation therapy

환자 2	annyeonghasimnikka seonsaengnim 안녕하십니까, 선생님.
채송화	ye anjeuseyo 예, 앉으세요.
보호자	eomma ijjogeuro anjeo 엄마, 이쪽으로 앉어.
채송화	gyeolgwaga nawanneundeyo CTsang hogi boyeoseo MRI chwaryeongeul 결과가 나왔는데요, CT상 혹이 보여서 MRI 촬영을 hasyeonneunde eo antakkapgedo akseong ganeungseongi isseo 하셨는데, 어……안타깝게도 악성 가능성이 있어 boyeoseo jojikgeomsaro hwaginhae bwaya dwaeyo eomeonim yeonsedo 보여서 조직검사로 확인해 봐야 돼요. 어머님 연세도 maneusigo tto jongyangui wichiga jochi anki ttaemune susureun 많으시고 또 종양의 위치가 좋지 않기 때문에 수술은 jom eoryeoun geollo boyeojimnida geunde ireoke doegikkaji 좀 어려운 걸로 보여집니다. 근데 이렇게 되기까지 dutongi mani simhasyeosseul tende eotteoke chameusyeosseulkka 두통이 많이 심하셨을 텐데, 어떻게 참으셨을까.
보호자	susulhamyeon naseulkkayo seonsaengnim 수술하면 나슬까요? 선생님?
채송화	a susuri anira hangam chiryona bangsaseonchiryoreul hasyeoya 아, 수술이 아니라 항암 치료나 방사선치료를 하셔야 doeneunde hwagjineul wihaeseoneun jojikgeomsaga piryohaeyo manyak 되는데 확진을 위해서는 조직검사가 필요해요. 만약 jega jigeum uisimhago inneun singyeonggyojongi majeul gyeongu 제가 지금 의심하고 있는 신경교종이 맞을 경우, akseongdoga najeun il ideunggeubimyeon bangsaseonchiryomaneurodo 악성도가 낮은 1, 2등급이면 방사선치료만으로도 saengjonnyuri nopgo manyak mwo sam sadangyeil gyeongun hangamgwa 생존율이 높고 만약 뭐 3, 4단계일 경우엔 항암과 bangsaseonchiryoreul byeonghaenghasyeoya doeneunde jaeballyuldo nopgo 방사선치료를 병행하셔야 되는데 재발율도 높고

	side by side, but the recurrence rate is high and the survival rate is significantly lower.
Guardian	What to do . . . Mom . . . Oh my goodness! What am I going to do with my poor mother?
Patient 2	It's okay. I've lived long enough. It's alright.
Guardian	Don't say that!
Chae Song-hwa	Ma'am, she can be treated. Don't cry so much. Let's get her admitted first, do the biopsy, and get the results. I'll talk you through the treatment process afterwards. As the guardian, you have to stay strong.
Guardian	I'm sorry, doctor. I'm sorry.
Patient 2	Thank you. Thank you.
Chae Song-hwa	I feel bad. But doesn't the daughter—the guardian—seem familiar? I feel like I've seen her somewhere . . .

saengjonnyul yeoksi hyeonjeohi   tteoreojimnida
생존율 역시 현저히 떨어집니다.

보호자
eojjaesseulkka   eojjaesseulkka   eomma   eomma   wome   wome   uri   eomma
어쨌을까. 어쨌을까. 엄마. 엄마, 워메 워메, 우리 엄마

jjanhaeseo   eojjeolkkaing
짠해서 어쩔까잉.

환자 2
gwaenchanhyeo na mani   sarasseungkke gwaenchanhyeo
괜찮혀, 나 많이 살았응께 괜찮혀.

보호자
eyu   sikkeureo sikkeureo
에유, 시끄러 시끄러.

채송화
aigu   eomeoni   chiryohasil su   isseuseyo   neomu ulji
아이구 어머니, 치료하실 수 있으세요. 너무 울지

masigu   aigu   useon ibwoneul hasyeoseo   jojikgeomsareul
마시구. 아이구, 우선 입원을 하셔서 조직검사를

hasigo gyeolgwareul bogo   chuhu   chiryo gwajeongeul   malsseumdeurilgeyo
하시고 결과를 보고 추후 치료 과정을 말씀드릴게요.

eomeonimi   himeul   naesyeoyajyo
어머님이 힘을 내셔야죠.

보호자
seonsaengnim   joesonghamnida   seonsaengnim   joesonghamnida
선생님, 죄송합니다. 선생님, 죄송합니다.

환자 2
gamsahamnida   gamsahamnida
감사합니다. 감사합니다.

채송화
maeumi   an jota   geunde jeo ttanimbun   bohojabun   nachi jom
마음이 안 좋다. 근데 저 따님분, 보호자분 낯이 좀

ikji   ana   eodiseo mani bwanneunde
익지 않아? 어디서 많이 봤는데…….

4
슬
기
로
운
의
사
생
활
시
즌
1

4. ▶ Vocabulary and Expressions

1 **안면+마비**
[Noun]

Facioplegia; paralysis of the facial muscles

Ex He lost his bright smile due to facial paralysis.

2 **챙기다**
[Verb]

To remember to take or pack something; to take regularly; to not skip

Ex To stay healthy, you shouldn't skip breakfast.

3 **외래**
[Noun]

Coming in from outside; outpatient treatment; ambulatory care

Ex The doctor advised me to receive ambulatory care for three days.

4 **별거**
[Noun] [Colloquial form of 별것]

Something significant, odd, or uncommon

Ex Wow, never in my life have I tasted such a delicacy!

5 **애독서**
[Noun]

A favorite book

Ex *Harry Potter* is my son's favorite book.

단어 & 표현 익히기

1 안면+마비
[명사]

눈, 코, 입이 있는 머리의 앞쪽 부분이
감각이 없고 움직이지 못하는 상태.

예 그는 안면 마비로 인하여 환히 웃지 못하게 되었다.

2 챙기다
[동사]

빠뜨리거나 거르지 않다.

예 아침을 잘 챙겨야 건강합니다.

3 외래
[명사]

환자가 입원하지 않고 병원을 다니면서
치료를 받음, 또는 그런 환자.

예 의사는 나에게 외래 진료를 사흘간 받을 것을 권했다.

4 별거
[명사]

흔하지 않은 이상한 것.

예 세상에 내가 살다 보니 별걸 다 먹어 보는구나.

5 애독서
[명사]

특히 즐겨 재미있게 읽는 책.

예 《해리 포터》는 우리 아들의 애독서이다.

슬기로운 의사 생활 시즌 1

6	혹 [Noun]	A lump; a pathological mass

Ex The lump on my face was so big I had to get it removed.

7	안타깝다 [Adjective]	Unfortunate; pitiful; regrettable

Ex I heard the regrettable news that my friend is very sick.

8	악성 [Noun]	Malignancy; the degree of an illness that is destructive or life-threatening

Ex The disease is malignant and difficult to cure.

9	가능성 [Noun]	Possibility; probability; likelihood; chance

Ex Studying hard greatly increases the chance of passing.

10	조직검사 [Noun]	Biopsy; the removal and examination of a tissue sample for a medical diagnosis

Ex To figure out what the disease is, we'll first have to perform a biopsy.

11	종양 [Noun]	A tumor; an abnormal benign or malignant growth of tissue inside the body

Ex I recently found a tumor and underwent urgent surgery.

6	혹 [명사]	병적으로 튀어나온 살덩어리.

예 어머니는 날마다 교회에 가서 하나님께 기도를 드렸다.

7	안타깝다 [형용사]	뜻대로 되지 않거나 보기에 가엾고 불쌍해서 가슴이 아프고 답답하다.

예 친구가 많이 아프다는 안타까운 소식을 들었다.

8	악성 [명사]	어떤 병이 고치기 어렵거나 생명을 위협할 정도로 심함.

예 그 병은 악성이어서 고치기 힘들어.

9	가능성 [명사]	어떤 일이 앞으로 이루어질 수 있는 성질.

예 열심히 공부하면 합격 가능성이 훨씬 높아진다.

10	조직검사 [명사]	병을 진단하기 위해 바늘이나 칼 따위로 조직의 일부를 떼어 내어 현미경으로 검사하는 일.

예 무슨 병인지 알려면 먼저 조직검사를 해 봐야 한다.

11	종양 [명사]	몸속에서 세포가 병적으로 계속 분열하여 자꾸 불어나거나 그 수가 늘어나는, 해롭거나 쓸모없는 혹.

예 얼마 전에 종양을 발견하여 급하게 수술을 받았다.

12 수술 [Noun]	Surgery; an invasive operation performed on the body to treat a disease

Ex This disease can only be treated with surgery.

13 참다 [Verb]	To suppress or hold back physiological phenomena such as laughter, tears, pain, or a cough; to endure

Ex He could not hold back the laughter that burst out of him.

14 항암 [Noun]	Anticancer treatment; controlling cancer cell growth or killing cancer cells

Ex The anticancer treatment begins today.

15 방사선 [Noun]	Radiation; electromagnetic waves such as alpha, beta, and gamma rays emitted when radioactive elements such as radium or uranium break down into small particles

Ex This disease is best treated with radiation alone.

16 확진하다 [Noun]	To definitely diagnose

Ex It was diagnosed as cancer through a test.

12 **수술**
[명사]

병을 고치기 위하여 몸의 한 부분을 째고 자르거나 붙이고 꿰매는 일.

예 이 병은 반드시 수술해야 치료할 수 있습니다.

13 **참다**
[동사]

웃음, 눈물, 아픔, 기침 등과 같은 생리적인 현상을 억누르고 견디다.

예 그는 터져 나오는 웃음을 참을 수 없었다.

14 **항암**
[명사]

암세포가 늘어나는 것을 억제하거나 암세포를 죽임.

예 오늘부터 항암 치료를 시작합니다.

15 **방사선**
[명사]

라듐, 우라늄 등의 방사성원소가 작은 입자로 부서지면서 내쏘는 알파선, 감마선, 베타선 등의 전자파.

예 이 병은 방사선으로만 치료하는 것이 좋습니다.

16 **확진**
[명사]

확실하게 진단을 하다.

예 검사를 통해 암으로 확진되었다.

4
슬기로운 의사 생활 시즌 1

17	신경교종 [Noun]	A glioma; a tumor arising from glial cells

Ex The examination revealed a glioma.

18	병행하다 [Verb]	To carry out more than two things at the same time; to carry out side by side

Ex He is studying and working a part-time job at the same time.

19	생존율 [Noun]	Survival rate

Ex When the weather gets colder, the survival rate of wild animals decreases.

20	재발률 [Noun]	Recurrence rate

Ex After the surgery, the recurrence rate was reduced in half.

21	현저히 [Adverb]	Significantly; noticeably; remarkably

Ex My Korean has improved significantly since I began studying hard.

22	워메 [Interjection] [Dialect]	Good grief; oh my goodness; an exclamation of surprise

Ex Good grief, when did you get here?

| 17 | 신경교종
[명사] | 뇌의 신경아교세포에 생기는 종양. |

예 검사 결과 신경교종이 나왔다.

| 18 | 병행하다
[동사] | 둘 이상의 일을 한꺼번에 진행하다. |

예 그는 공부와 아르바이트를 병행하고 있다.

| 19 | 생존율
[명사] | 살아남을 가능성. |

예 날씨가 추워지면 야생동물들의 생존율이 떨어진다.

| 20 | 재발률
[명사] | 병이나 사고 따위가 다시 생기거나 일어날 수 있는 비율. |

예 수술을 받고 나서 재발률이 반으로 떨어졌다.

| 21 | 현저히
[부사] | 아주 분명하게 드러날 정도로. |

예 열심히 공부하자 한국어가 현저히 늘었다.

| 22 | 워메
[감탄사] [사투리] | 뜻밖의 일에 깜짝 놀라며 하는 말. |

예 워메, 언제 왔어?

4

슬기로운 의사 생활 시즌 1

23 **짠하다**
[Adjective]

Saddening; piteous; heartbreaking

Ex It's heartbreaking to think about the past.

24 **입원**
[Noun]

Hospitalization; admission to a hospital

Ex The doctor told me that I must be admitted for treatment.

25 **추후**
[Noun]

Later (on); afterwards; at a later date.

Ex I will reconsider this matter later on.

26 **낯익다**
[Adjective]

Familiar

Ex Her face seemed familiar, so I searched my memory to find that she was a childhood friend.

23	**짠하다** [형용사]	**안타까워 마음이 좋지 않고 아프다.**

예 옛날 생각을 하면 마음이 짠하다.

24	**입원** [명사]	**병을 고치기 위해 일정 기간 병원에 들어가 지냄.**

예 의사가 꼭 입원을 해서 치료받으라고 했다.

25	**추후** [명사]	**일이 지나간 얼마 뒤.**

예 이 일은 추후에 다시 생각해 보겠습니다.

26	**낯익다** [형용사]	**전에 보거나 만난 적이 있어 알아볼 수 있거나 친숙하다.**

예 얼굴이 낯익어서 기억을 더듬어 보니 어릴 때 친구였다.

4

슬기로운 의사 생활 시즌 1

Exercises

1 Fill in the blanks with the appropriate word from the list below.

현저히		별거
추후	안면마비	악성

1 He suffers facial paralysis from a car accident.

2 Su-ji always gets seriously worried about something insignificant.

3 People are suffering because of a malignant infectious disease called COVID-19.

4 He surprised everyone when he showed up looking remarkably different from a year before.

5 The teacher said that she will announce the test scores at a later date.

연습문제

1 빈칸에 알맞은 표현을 넣어 문장을 완성해 봅시다.

현저히		별거
추후	안면마비	악성

1 그는 교통사고를 당해 _____이/가 왔다.

2 수지는 _____ 아닌 걸 가지고 늘 심각하게 고민한다.

3 코로나 19라는 _____ 전염병으로 많은 사람이 힘들어하고 있다.

4 그는 일 년 전과 _____ 다른 모습으로 나타나서 사람들을 놀라게 했다.

5 선생님은 시험 점수를 _____ 공지하겠다고 했다.

정답 ① 안면마비 ② 별거 ③ 악성 ④ 현저히 ⑤ 추후

2 Fill in the blanks with the appropriate word from the list below (conjugate if necessary).

낯익다		종양
가능성	외래	짠하다

1 A: I am here for outpatient treatment.

B: This ward is for inpatients only. Please go left.

2 A: What if we can't go on a picnic tomorrow after all this preparation?

B: I saw the forecast and the chances are low, so don't worry.

3 A: Doctor, what disease do I have?

B: It's likely a tumor. Let's do a biopsy.

4 A: When we were young, we were so poor that we had to skip meals.

B: It's heartbreaking to think about those times.

5 A: His face looks very familiar; who is that actor?

B: Don't you know? He was originally a singer but has debuted as an actor.

2 빈칸에 알맞은 표현을 넣어 대화를 완성해 봅시다.(필요시 활용형으로 바꾸세요.)

낯익다		종양
가능성	외래	짠하다

1 가: _____ 보려고 하는데요.

　　나: 여기는 입원 환자 전용이니 왼쪽으로 가세요.

2 가: 이렇게 준비를 많이 했는데 내일 소풍 못 가는 거 아냐?

　　나: 아까 일기예보를 봤는데 그럴 _____은/는 전혀

　　　　없으니까 걱정하지 마.

3 가: 의사 선생님, 저는 무슨 병에 걸렸나요?

　　나: 아무래도 _____ 같습니다. 조직검사를 한번 해

　　　　봅시다.

4 가: 어렸을 때 너무 가난해서 밥을 못 먹었지.

　　나: 그때를 생각하면 마음이 너무 _____.

5 가: 얼굴이 상당히 _____ 저 배우 누구지?

　　나: 원래 가수였는데 배우로 데뷔했잖아.

정답 예시 ① 외래 ② 가능성 ③ 종양 ④ 짠해요 ⑤ 낯익은데

● **Grammar 1**

-을게

Verb **+ -을게**

- A final ending used to indicate will or intention
- Often used when the speaker is promising to do something or notifying what they will do

Examples

○ I'll come to your house today.

○ I'll quit smoking starting now.

○ I'll take the bus today.

문법 익히기

● 문법 1

[토픽 초급] **-을게**

동사 + -을게

- 말하는 사람이 미래의 어떤 일을 하겠다는 뜻이나 의지를 나타낸다.
- 약속을 하거나 의지를 나타날 때 사용한다.

예시

○ 오늘은 내가 너희 집으로 갈게.

○ 이제부터 담배를 끊을게.

○ 오늘은 버스를 탈게.

4

슬기로운 의사 생활 시즌 1

1 Complete the following sentences using "-을게."

① I'll have the bulgogi.

② I'll study harder next time.

③ I'll make delicious *tteokbokki*.

2 Complete the following dialogues using "-을게."

① A: Who is going to read this book?

    B: I'll read it.

② A: Myeong-hui, you can't be late tomorrow.

    B: Okay, I won't be late tomorrow.

③ A: Do you want to have lunch together?

    B: Sure, I'll get the bill today.

1 위의 문법을 활용하여 문장을 완성해 봅시다.

① 저는 불고기를 (_____/먹다).

② 다음부터 더 열심히 (_____/공부하다).

③ 떡볶이를 맛있게 (_____/만들다).

2 위의 문법을 활용하여 대화를 완성해 봅시다.

① 가: 이 책을 누가 읽을까요?
　　나: 제가 _____.

② 가: 명희 씨, 내일은 지각하면 안 돼요.
　　나: 네, 내일은 지각하지 _____.

③ 가: 같이 점심 먹을까요?
　　나: 네, 오늘은 제가 _____.

4
슬기로운 의사 생활 시즌 1

정답 예시　**1** ① 먹을게요 ② 공부할게요 ③ 만들게요
　　　　　　2 ① 읽을게요 ② 않을게요 ③ 살게요

- **Grammar 2**

-기 때문에

Verb/Adjective **+ -기 때문에**

- Used to indicate the reason for or cause of something
- Used at the end of both positive and negative clauses

Examples

○ Lisa is popular because she is pretty.

○ I don't have time because I'm studying all day today.

○ I don't know because I'm not a doctor.

- 문법 2

토픽 초급 **-기 때문에**

동사 / 형용사 **+ -기 때문에**

- 어떤 일의 이유나 원인을 나타내는 표현이다.
- '이다', '아니다'에 붙는다.

예시

○ 리사 씨는 예쁘기 때문에 인기가 많아요.

○ 오늘은 하루 종일 공부하기 때문에 시간이 없어요.

○ 저는 의사가 아니기 때문에 몰라요.

4

슬기로운 의사 생활 시즌 1

1 **Complete the following sentences using "-기 때문에."**

① I am healthy because I work out every day.

② I've come to like the Korean language because I like Korean dramas.

③ I have to study hard because I'm a student.

2 **Complete the following dialogues using "-기 때문에."**

① A: Why can't you eat kimchi?

B: I can't eat kimchi because I can't eat spicy food.

② A: Should we take the bus?

B: It's better to take a taxi because there's a lot of traffic right now.

③ A: Why don't you go to school these days?

B: I don't go to school because this is our vacation.

1 위의 문법을 활용하여 문장을 완성해 봅시다.

① 저는 매일 운동을 (_____ /하다) 건강해요.

② 저는 한국 드라마를 (_____ /좋아하다) 한국어도 좋아하게 됐어요.

③ (_____ /학생이다) 열심히 공부를 해야 돼요.

2 위의 문법을 활용하여 대화를 완성해 봅시다.

① 가: 왜 김치를 못 먹어요?

나: 매운 걸 잘 못 _____ 김치를 못 먹어요.

② 가: 버스 타고 갈까요?

나: 지금 차가 많이 _____ 택시 타는 게 나아요.

③ 가: 요즘 왜 학교 안 가세요?

나: _____ 학교 안 가요.

4

슬
기
로
운
의
사
생
활
시
즌
1

정답 예시
1 ① 하기 때문에 ② 좋아하기 때문에 ③ 학생이기 때문에
2 ① 먹기 때문에 ② 막히기 때문에 ③ 방학이기 때문에

6 ▶ Comprehension

1 **What kind of book was the "good book" that Patient 1 tried to give to Chae Song-hwa?**

① An interesting book

② A book with meaningful content

③ A book Chae Song-hwa likes to read

④ A book with an envelope of money in it

2 **Why did Chae Song-hwa refuse to take the book?**

① Because she already has the book at home

② Because she doesn't like the patient

③ Because the book is boring

④ Because it is against her professional ethics as a doctor

3 **What kinds of treatment did Chae Song-hwa suggest to Patient 2 for each of the possible outcomes of the tumor biopsy?**

_____

_____

내용 확인하기

1 첫 번째 환자가 준 "좋은 책"은 어떤 책인가요?

① 재미있는 책

② 내용이 좋은 책

③ 채송화가 즐겨 읽는 책

④ 돈을 넣은 책

2 채송화가 거절한 이유는 무엇인가요?

① 책이 이미 집에 있어서

② 환자가 마음에 안 들어서

③ 책이 재미없어서

④ 의사의 직업윤리에 어긋나서

3 종양 확진 결과에 따라, 채송화는 환자 2에게 각각 어떤 치료를 권했습니까?

_____

_____

4

슬기로운 의사 생활 시즌 1

정답 1④ 2④ 3 ①1, 2단계는 방사선 치료, 3, 4단계는 항암과 방사선 치료.

4 **Read the following statements about the scene and mark O if true and X if false.**

① Patient 1's health improved a lot. (   )

② Patient 2 needs to have surgery. (   )

③ Patient 2's guardian is someone Chae Song-hwa knows very well. (   )

5 **What does "낯이 익다" mean?**

① The face is clearly visible.

② The face is masked.

③ The relationship is good.

④ Something looks familiar.

4 맞으면 ○, 틀리면 × 하세요.

① 첫 번째 환자는 건강이 많이 좋아졌다. ( )

② 두 번째 환자는 반드시 수술해야 한다. ( )

③ 두 번째 환자 보호자는 채송화가 잘 아는 사람이다. ( )

5 "낯이 익다"는 것은 무슨 뜻일까요?

① 얼굴이 잘 보인다.

② 얼굴을 가리다.

③ 사이가 좋다.

④ 어디서 본 것 같다.

정답 4 ① ○ ② × ③ × 5 ④

#장면 2

채송화	결과가 나왔는데요, CT상 혹이 보여서 MRI 촬영을 하셨는데, 어…… 안타깝게도 악성 _____이 있어 보여서 _____로 확인해 봐야 돼요. 어머님 연세도 많으시고 또 _____의 위치가 좋지 않기 때문에 _____은 좀 어려운 걸로 보여집니다. 근데 이렇게 되기까지 두통이 많이 심하셨을 텐데, 어떻게 참으셨을까.
보호자	수술하면 나슬까요? 선생님?

다시 듣고 빈칸 채우기

채송화   아, 수술이 아니라 _____ 치료나 _____치료를

하셔야 되는데 _____을 위해서는 조직검사가

필요해요. 만약 제가 지금 의심하고 있는 _____

이 맞을 경우, 악성도가 낮은 1, 2등급이면

방사선치료만으로도 _____이 높고 만약 뭐 3,

4단계일 경우엔 항암과 방사선치료를 _____

하셔야 되는데 _____도 높고 생존율 역시 현저히

떨어집니다.

Assignment

1   What kind of job do you want to have?

2   What are the ethical rules for that profession?

The job you want to have	The ethical rules for that profession
	(1)
	(2)
	(3)

과제 활동

1 여러분은 어떤 직업을 갖고 싶나요?

2 그 직업의 윤리는 무엇인가요?

내가 갖고 싶은 직업	그 직업의 윤리
	(1)
	(2)
	(3)

Hospital Playlist is also known for its original soundtrack (OST). The song "Aloha" by Cho Jung-seok, has topped the Melon Chart (Korea's authoritative music chart) 20 times. Originally sung by the co-ed K-pop group Cool, "Aloha" is also widely sung at weddings.

Listen to Cho Jung-seok's "Aloha."
ⓘ https://www.youtube.com/watch?v=3DOkxQ3HDXE

[Lyrics]

I only wish for one thing.

I dream of eternal happiness.

It doesn't have to be fancy or dreamy.

All I need is you.

1   What are the lyrics about?

2   What does the title "Aloha" mean?

이 드라마는 OST로도 유명합니다. 조정석이 부른 OST <아로하>는 한국 최대 음원 플랫폼인 멜론 차트 1위를 20회나 했습니다. <아로하>는 원래 혼성 그룹 쿨의 노래인데 축가로도 많이 쓰입니다.

조정석의 <아로하> 듣기
① https://www.youtube.com/watch?v=3DOkxQ3HDXE ② **검색어:** 조정석 & 아로하

[가사 내용]

나 바라는 건 오직 하나

영원한 행복을 꿈꾸지만

화려하지 않아도 꿈같진 않아도

너만 있어 주면 돼

1   가사는 무슨 내용을 담고 있나요?

2   노래 제목 '아로하'는 무슨 뜻일까요?

At the request of many fans, the cast has also put on a live performance as a band. Discuss the kinds of hobbies you want to share with your close friends or colleagues.

Watch the live performance by the band Mido and Falasol.
① https://www.youtube.com/watch?v=ujQHh5xFtA4&t=14s

Hobbies you want to share with your friends

① Which friends?

② Which activities?

③ How?

이외에도 많은 팬들의 요청에 따라 드라마 주인공들이 직접 라이브로 밴드 공연을 하기도 했습니다. 여러분은 소중한 친구, 동창들과 어떤 취미 생활을 공유하고 싶은지 이야기해 봅시다.

 # 미도와 파파솔 밴드 라이브 보기
① https://www.youtube.com/watch?v=ujQHh5xFtA4&t=14s ② **검색어:** 미도와 파라솔 밴드 라이브

소중한 친구들과 함께 하고 싶은 나의 취미 생활

---

① 어떤 친구:

---

② 어떤 활동:

---

③ 어떻게:

4

슬기로운 의사 생활 시즌 1

5과 〈빈센조〉
Chapter 5 *Vincenzo*

방영: tvN(2021. 2. 20~2021. 5. 2. 20부작)
20 episodes, aired from February 20 to May 2, 2021

How to watch
- **https://www.youtube.com/watch?v=fLkVN8Ivsdo&t=255s**
- **Netflix:** *Vincenzo*, Episode 17, 2:56–6:04, 23:40–24:36.
  If the YouTube clip via the QR code is unavailable in your location, please use Netflix or other means.

빈센조

Vincenzo

"고통 없는 죽음은 축복이라는 거."

"A painless death is a blessing."

5

1 ▸ Food for Thought

"Mafia" is derived from the Sicilian word "mafiusu," meaning "swagger" or "bravado," and refers to a powerful criminal organization. The Mafia was initially active on the island of Sicily but since the 20th century has formed a massive criminal cartel in the United States and other major countries around the world with links to drug distribution and gambling. The Mafia is said to have such a tight grip on Italian society as a whole that it is difficult to make it in any business without a connection to the gang.

So are there criminal organizations in Korea, too? Gunfights and car chases depicted in movies and dramas aren't as common in Korea, which makes it easy to think there's nothing like the Mafia in the country. But while they may fly under the radar, power-blinded authorities who infringe on human rights, the mass media that feeds off them, and the conglomerates that manage their money can also be seen as a giant cartel.

Vincenzo shows that combating social evil on such a huge scale sometimes involves the same kind of dubious schemes and brutal means that the villains use.

● Thinking Exercises ●

○ What kind of organization is the Mafia?
○ What images are brought to mind by the word "Mafia?"

생각마당

'으스대며 걷기(swagger)' 또는 '허세(bravado)'를 의미하는 시칠리아어 'mafiusu'에서 유래된 마피아(Mafia)는 '강력한 범죄 조직'을 뜻합니다. 원래는 시칠리아섬을 중심으로 활동했으나 20세기부터는 미국 등을 비롯한 전 세계 대도시에서 마약과 도박 등에 관련되어 거대한 범죄 조직을 형성하고 있습니다. 마피아와 연결하지 않고서는 성공하기 어렵다고 할 정도로 마피아 조직은 이탈리아 사회 전체를 움직이고 있다고 합니다.

한국에도 마피아가 있을까요? 한국에서는 영화나 드라마에서처럼 총을 겨누고 차량 추격전을 벌이는 일이 흔치 않습니다. 그래서 마피아 같은 범죄 조직이 없을 거라고 생각하기 쉽지요. 그러나 권력에 눈이 멀어 인권을 침해하는 공권력, 이들에게 빌붙어 사는 언론, 권력의 돈줄이 되어 주는 대기업……. 수면 위에 드러나 있지 않지만 이들 또한 거대한 마피아 조직이라고 볼 수 있을 것입니다.

드라마 〈빈센조〉는 이러한 거대한 사회악에 대항하기 위해서 때로는 악당과 똑같은 편법과 잔인함이 필요함을 얘기하고 있습니다.

● 생각 꼭지 ●

○ 마피아는 어떤 조직인가요?
○ 마피아 하면 떠오르는 이미지는 어떤 것이 있나요?

Vincenzo is a tvN series that aired from February 20 to May 2, 2021, following the exhilarating revenge of Vincenzo Cassano (played by Song Joong-ki), a lawyer and a consigliere for the Italian Mafia who sweeps out the villains with the help of other lawyers. Vincenzo—whose name means "conqueror"—is no ordinary lawyer. He is agile both mentally and physically, and he is also extremely good-looking. But his most striking characteristic is his tendency to reciprocate what was done to him. Simply put, he is the perfect strategist who practices the proverb, "An eye for an eye, a tooth for a tooth."

This show presents Vincenzo as an alternative hero for modern-day society. Whereas heroes are generally portrayed as good-natured, if a little extravagant in vanquishing the villain, Vincenzo is absolutely ruthless with his villains. While such a character may only exist in a fictitious world, it shows that the image of the ideal hero is changing in tandem with our society.

● Keep these questions in mind as you watch the scene: ●

① What is the relationship between Vincenzo and Jang Jun-woo?
② Why doesn't Vincenzo kill Jang Jun-woo in the first scene?

드라마 알아보기

〈빈센조〉는 2021년 2월 20일부터 5월 2일까지 tvN에서 방영한 드라마로, 이탈리아 마피아 빈센조(송중기)가 다른 변호사들과 함께 악당을 통쾌하게 쓸어버리는 이야기입니다. 빈센조는 송중기가 맡은 극 중 이탈리아 변호사의 이름으로 '정복자, 승리자'라는 뜻이 있습니다. 빈센조는 보통 변호사가 아닙니다. 머리뿐만 아니라 몸도 쓸 줄 알며 거기에다가 외모까지 끝내줍니다. 그러나 사실 빈센조의 가장 큰 특징은 상대에게 똑같이 갚아 주는 데 있습니다. 한마디로 "눈에는 눈, 이에는 이"를 철저히 실천하는 완벽한 전략가입니다.

이 드라마는 빈센조를 통해 현대 사회의 새로운 영웅상을 제시하고 있습니다. 기존의 영웅들은 악당들을 물리칠 때 자신의 힘을 과시하긴 해도, 선한 모습을 주로 보여 줬는데 빈센조는 악당을 처벌할 때 조금도 봐주는 법이 없습니다. 드라마라서 가능한 설정이기도 하지만, 우리가 갈망하는 영웅 또한 사회 변화에 맞춰 변하고 있음을 보여 줍니다.

┌─● 읽 기 전 생 각 할 것 ●────────────────────
│ ① 빈센조와 장준우, 두 사람은 어떤 관계입니까?
│ ② 왜 첫 장면에서 빈센조는 장준우를 죽이지 않았습니까?

3 ▶ Watch the Scene

Scene 1

Vincenzo

Killing my mother wasn't evil but the worst kind of foolish. Do you know why I didn't kill you despite knowing that you had killed countless people and even tried to kill me? Because it was too much trouble. I had things to do, and killing you would have caused too much inconvenience. Killing those vermin doesn't matter, though. Anyway, you all have to die now.

Don't be scared. It won't be today. I have a principle. "A painless death is a blessing." I will be giving you two things in the future. A humiliation worse than death, and a slow, painful death. You take care of that garbage. And don't even think about pinning it on me, unless you want me to expose who is really behind all this. Ah, we still need an appetizer.

Choi Myung-hee   Mr. Jang!

드라마 보기

빈센조
nae eomeonireul jugin geon akan jisi anira choeagui
내 어머니를 죽인 건 악한 짓이 아니라 최악의

babojisieosseo nideuri geureoke sumaneun sarameul jugigo
바보짓이었어. 니들이 그렇게 수많은 사람을 죽이고

nakkaji jugiryeo haetdeon geol almyeonseodo naega wae neohuireul
나까지 죽이려 했던 걸 알면서도 내가 왜 너희를

an jugyeonneunji ara gwichanaseo nan haeya hal iri
안 죽였는지 알아? 귀찮아서……. 난 해야 할 일이

inneunde gwaenhi neohuireul jugimyeon seonggasin iri neomu
있는데, 괜히 너희를 죽이면 성가신 일이 너무

mani saenggigeodeun jeoreon jageun beolle saekkideul jugineun geon
많이 생기거든. 저런 작은 벌레 새끼들 죽이는 건

sanggwaneopjiman amuteun neohui ije jugeoya dwae
상관없지만……. 아무튼 너희 이제 죽어야 돼.

geomnaeji ma oneureun aninikka nae wonchigi hana itgeodeun
겁내지 마, 오늘은 아니니까. 내 원칙이 하나 있거든.

gotong eomneun jugeumeun chukbogiraneun geo apeuro neohuiege du
고통 없는 죽음은 축복이라는 거. 앞으로 너희에게 두

gajireul jul geoya jugeumboda deohan suchisim geurigo gotongui
가지를 줄 거야. 죽음보다 더한 수치심. 그리고 고통의

dangyereul cheoncheonhi neukkineun jugeum jeo sseuregineun nideuri
단계를 천천히 느끼는 죽음. 저 쓰레기는 니들이

araseo cheorihae geurigo nahante dwijibeossuiul saenggakaji
알아서 처리해. 그리고 나한테 뒤집어씌울 생각하지

ma sikin sarami nugunjido gachi balkyeo jul tenikka a
마. 시킨 사람이 누군지도 같이 밝혀 줄 테니까. 아,

geuraedo aepitaijeoneun isseoyaji
그래도 애피타이저는 있어야지.

최명희
hoejangnim hoejangnim
회장님, 회장님!

Jang Jun-woo	Did your mother's funeral go well?
Villains	It's Vincenzo . . .
Vincenzo	Yes, thanks to you. You have no problem hearing?
Jang Jun-woo	No, thanks to your excellent aim. By the way, is today the day I die?
Vincenzo	What did I say I'll give you before death?
Jang Jun-woo	I don't remember.
Vincenzo	I shot your ear, but it looks like I damaged your brain. A humiliation worse than death. To give you that, I'm going to play a game of chess with you, starting today. And I'll take out your pieces one by one. The thought of you left all alone on the chessboard—isn't that humiliating and scary?
Jang Jun-woo	No, I don't intend on losing, especially at chess.
Vincenzo	Unfortunately, your defeat has already begun.

장준우   어머니 장례는 잘 치렀어?

악당들   빈센조 빈센조 빈센조 빈센조……

빈센조   덕분에, 청력에는 문제 없구?

장준우   오. 니가 잘 쏴 준 덕분에. 근데 오늘 나 죽는 날인가?

빈센조   죽음 전에 내가 뭘 준다 그랬더라?

장준우   기억이 잘 안 나는데.

빈센조   귀를 쐈는데 뇌를 다친 모양이네. 죽음보다 더한

수치심. 이걸 주기 위해 나는 오늘부터 너랑 체스를

둘 거야. 그리고 니 말들을 하나씩 없애 버릴 거구. 너

혼자만 덩그러니 남은 체스판 상상만 해도 창피하고

무섭지 않아?

장준우   아니, 체스만큼은 나도 질 생각이 없거든.

빈센조   유감스럽게도 너의 패배는 이미 시작됐어.

5

빈센조

4. Vocabulary and Expressions

1 최악
[Noun]

The worst

Ex I made many mistakes on this test and got the worst score.

2 악하다
[Adjective]

Evil; bad; wicked

Ex The person who holds evil thoughts has a harder time.

3 짓
[Noun]

(Pejorative) An act or behavior

Ex I could never commit the act of deceiving a friend.

4 귀찮다
[Adjective]

Too much trouble; tiresome

Ex Everything feels like too much trouble because my body aches.

5 괜히
[Adverb]

In vain; for no reason; for nothing

Ex If I knew this would happen, I wouldn't have come; I came for nothing.

단어 & 표현 익히기

1 최악
[명사]

여럿 가운데서 가장 나쁨.

예 이번 시험에서는 실수를 많이 해서 최악의 점수를 받았다.

2 악하다
[형용사]

마음이나 행동이 못되고 나쁘다.

예 악한 마음을 품고 있으면 본인이 더 힘들다.

3 짓
[명사]

(낮잡아 이르는 말로) 어떠한 행위나 행동.

예 친구를 속이는 짓 따위는 절대로 할 수가 없다.

4 귀찮다
[형용사]

싫고 성가시다.

예 몸이 아프니 모든 것이 다 귀찮다.

5 괜히
[부사]

특별히 이유나 실속이 없게.

예 이럴 줄 알았으면 오지 않는 건데 괜히 왔네요.

6	성가시다 [Adjective]	**Annoying; bothersome; inconvenient**

Ex Dad found it very annoying that my younger brother kept asking questions.

7	생기다 [Verb]	**To form, arise, happen, or occur**

Ex A problem arose, and the computer became unusable.

8	벌레 [Noun]	**A general term used to refer to a bug, insect, worm, or vermin**

Ex He screamed, startled by the bug.

9	상관없다 [Adjective]	**Irrelevant; impertinent; (something) doesn't matter; (someone) doesn't care about (something)**

Ex I don't care about the result.

10	아무튼 [Adverb]	**Anyway; anyhow; in any case**

Ex There was an accident, but in any case, it's good that everyone is safe.

11	원칙 [Noun]	**A principle; a rule of conduct**

Ex I value principles.

6 성가시다
[형용사]

어떤 것이 자꾸 못살게 굴어 괴롭고 귀찮다.

예 동생이 자꾸 질문하자 아버지가 무척 성가셔 했다.

7 생기다
[동사]

사고나 일, 문제 등이 일어나다.

예 컴퓨터에 문제가 생겨서 사용할 수 없게 되었다.

8 벌레
[명사]

곤충이나 기생충 등 몸 구조가 간단한 하등 동물을 통틀어 이르는 말.

예 그는 벌레를 보고 깜짝 놀라 소리를 질렀다.

9 상관없다
[형용사]

특별히 문제 되거나 걱정할 일이 없어 괜찮다.

예 결과가 어찌 되든 상관없다.

10 아무튼
[부사]

무엇이 어떻게 되어 있든.

예 사고가 났지만 아무튼 무사해서 다행이야.

11 원칙
[명사]

어떤 행동이나 이론 등에서 일관되게 지켜야 하는 기본적인 규칙이나 법칙.

예 나는 원칙을 중요시한다.

12	축복 [Noun]	A blessing

Ex The bride and the groom concluded the wedding ceremony with the blessings of the guests.

13	가지 [Bound noun]	A kind of; a sort of; a variety of

Ex This garment comes in three varieties of colors.

14	수치심 [Noun]	A sense of shame or humiliation

Ex The employee was so harshly scolded by his boss that he felt humiliated.

15	단계 [Noun]	A step, phase, or stage in a process

Ex I learned the technique step by step, beginning with the basics.

16	처리하다 [Verb]	To take care of or handle something according to a procedure; to get something done

Ex I need to get this done quickly so I can go home.

17	뒤집어씌우다 [Verb]	To frame or pin misconduct on someone; to put the blame on someone

Ex Department Head Lee pinned his mistake on his subordinate.

12	축복 [명사]	행복을 빎. 또는 그 행복.

> **예** 신랑과 신부는 하객들의 축복 속에서 결혼식을 마쳤다.

13	가지 [의존명사]	사물의 종류의 헤아리는 말.

> **예** 이 옷은 모두 세 가지 색깔이 있다.

14	수치심 [명사]	매우 창피하고 부끄러운 마음.

> **예** 직원은 수치심이 들 만큼 상사에게 호되게 혼이 났다.

15	단계 [명사]	일이 변화해 나가는 각 과정.

> **예** 나는 기초부터 한 단계씩 기술을 배웠다.

16	처리하다 [동사]	일이나 사무, 사건을 절차에 따라 정리해 마무리하다.

> **예** 이 일을 빨리 처리해야 집에 갈 수 있다.

17	뒤집어씌우다 [동사]	다른 사람의 잘못이나 책임을 대신 떠맡게 하다.

> **예** 이 부장은 자기 실수를 부하에게 뒤집어씌웠다.

5

빈센조

18 시키다 [Verb]	To make someone do something; to tell, order, or force someone to do something

Ex People made her sing.

19 밝히다 [Verb]	To bring to light; to reveal, expose, or publicize; to state or announce

Ex The police decided to reveal the investigation process.

20 애피타이저 [Noun] [Loanword]	An appetizer; something that stimulates appetite or desire

Ex Today's appetizer is a savory mushroom soup.

21 장례 [Noun]	A funeral; the burial or cremation of the deceased

Ex I came back from my hometown a few days ago, after attending my grandmother's funeral.

22 치르다 [Verb]	To go through; to hold an event; to pay

Ex My friend is holding a wedding soon.

23 덕분 [Noun]	A favor or help given by someone; indebtedness; often used in the form of "덕분에" or "덕분이다" to mean "thanks to"

Ex All this is thanks to my parents.

18 시키다
[동사]

어떤 일이나 행동을 하게 하다.

예 사람들은 그녀에게 노래를 시켰다.

19 밝히다
[동사]

모르거나 알려지지 않은 사실을 다른 사람이나 세상에 알리다.

예 경찰은 범인을 잡는 과정을 밝히기로 했다.

20 애피타이저
[명사] [외래어]

식욕을 돋우기 위하여 식전에 먹는 요리나 음료.

예 오늘의 애피타이저는 향이 좋은 양송이 수프입니다.

21 장례
[명사]

사람이 죽은 후 땅에 묻거나 화장하는 일.

예 며칠 전에 고향에서 할머니 장례를 치르고 왔어.

22 치르다
[동사]

어떤 일을 겪어 내다.

예 친구는 곧 결혼식을 치르게 된다.

23 덕분
[명사]

어떤 사람이 베풀어준 은혜나 도움. 혹은 어떤 일이 발생한 것이 준 이익.

예 이 모든 것은 부모님 덕분이다.

5

빈센조

24	청력 [Noun]	Hearing; hearing ability

Ex Dogs have better hearing than humans.

25	쏘다 [Verb]	To shoot, fire, or discharge

Ex He knows how to shoot an arrow.

26	다치다 [Verb]	To get hurt, injured, or wounded

Ex My sister was seriously injured in a fall.

27	체스 [Noun] [Loanword]	The game of chess

Ex The son often played chess with his dad in the living room.

28	말 [Noun]	A horse; a piece moved in board games such as *yunnori* and chess

Ex When my piece was taken, I lost the game of chess.

29	없애다 [Verb]	To remove, get rid of, or take away

Ex Please get rid of all the chairs in this room.

30	덩그렇다 [Adjective]	All alone in an empty space

Ex With her family gone, she was left all alone.

24	청력 [명사]	귀로 소리를 듣는 능력

예 개는 인간보다 청력이 뛰어나다.

25	쏘다 [동사]	어떤 물체를 목표를 향하여 세게 날아가게 하다.

예 그는 활을 쏠 줄 알아.

26	다치다 [동사]	부딪치거나 맞거나 하여 몸이나 몸의 일부에 상처가 생기다. 또는 상처를 입다.

예 동생이 넘어져서 크게 다쳤다.

27	체스 [명사] [외래어]	장기와 비슷한 서양 놀이

예 아들은 종종 아버지와 거실에서 체스를 두었다.

28	말 [명사]	윷놀이, 장기, 체스 등에서 규칙에 따라 판 위를 옮겨 다니며 위치를 표시하는 데 쓰는 작은 물건.

예 내 말이 죽으면서 나는 체스에서 지고 말았다.

29	없애다 [동사]	자리나 공간을 차지하고 있던 것을 존재하지 않게 하다.

예 이 방의 의자를 전부 없애 주세요.

30	덩그렇다 [형용사]	공간이 텅 비어 혼자서 쓸쓸하다.

예 그녀는 가족이 떠나고 혼자 덩그렇게 남았다.

| 31 | 창피하다
[Adjective] | **Embarrassing; embarrassed; ashamed** |

Ex She was extremely embarrassed about her mistake.

| 32 | 유감스럽다
[Adjective] | **Unfortunate; regrettable** |

Ex I consider this incident very unfortunate.

| 33 | 패배
[Noun] | **Defeat or loss as in a fight or competition** |

Ex Better a clean defeat than a dirty victory.

| 31 | **창피하다**
[형용사] | **체면이 깎이는 어떤 일이나 사실 때문에
몹시 부끄럽다.** |

> 예 그는 자신의 실수를 무척 창피해했다.

| 32 | **유감스럽다**
[형용사] | **섭섭하거나 불만스러운 느낌이 마음에 남아
있는 듯하다.** |

> 예 이 일은 매우 유감스럽게 생각합니다.

| 33 | **패배**
[명사] | **싸움이나 경쟁 등에서 짐.** |

> 예 비겁한 승리보다 깨끗한 패배가 낫다.

5

빈센조

Exercises

1 Fill in the blanks with the appropriate word from the list below.

최악	짓	벌레
축복	괜히	애피타이저

1 Mom sprayed the plants with pesticide to get rid of pests.

2 I don't understand why Seung-chan always chooses to act in such a mischievous way.

3 The restaurant I went to today is arguably the worst in terms of taste and service.

4 At my house, we usually have salad as an appetizer.

5 People lavished blessings on the happy couple.

6 He got irritated with his parents for no reason after getting a low score on his test.

연습문제

1 빈칸에 알맞은 표현을 넣어 문장을 완성해 봅시다.

최악	짓	벌레
축복	괜히	애피타이저

1 엄마는 화초의 _____을/를 없애기 위해 살충제를 뿌렸다.

2 승찬이는 어쩌면 그렇게 미운 _____만 골라 하는지
모르겠다.

3 오늘 간 음식점은 맛, 서비스 모두가 내가 지금까지 가 본 음식점
중 _____라고/이라고 할 수 있다.

4 우리 집에서는 _____로/으로 보통 샐러드를 먹는다.

5 사람들은 행복한 모습의 부부에게 _____을/를 아끼지
않았다.

6 그는 시험 성적이 안 나왔다고 부모님한테 _____ 짜증을
부렸다.

정답 ① 벌레 ② 짓 ③ 최악 ④ 애피타이저 ⑤ 축복 ⑥ 괜히

5

빈센조

2 Fill in the blanks with the appropriate word from the list below (conjugate if necessary).

뒤집어씌우다	상관없다
생기다	밝히다

1 A: May I see the unit's log book from last year?

  B: First, state your name and affiliation.

2 A: I was supposed to go to Jeju Island this week, but the rain has caused a problem for my plans.

  B: Then you should reschedule.

3 A: What kind of work are you looking to do?

  B: It doesn't matter what kind of work it is as long as you hire me.

4 A: I heard you broke the bowl.

  B: My older brother broke it, and he's pinning it on me.

2 빈칸에 알맞은 표현을 넣어 대화를 완성해 봅시다.(필요시 활용형으로 바꾸세요.)

뒤집어씌우다	상관없다
생기다	밝히다

1 가: 부대의 작년 업무 일지를 볼 수 있습니까?

　　나: 이름과 소속을 먼저 _____.

2 가: 이번 주에 제주도에 가기로 했는데 비가 오는 바람에 계획에 차질이 _____.

　　나: 그럼 날짜를 다시 잡아야겠구나.

3 가: 어떤 일을 하고 싶으세요?

　　나: 어떤 일이든 _____. 시켜만 주세요.

4 가: 네가 그릇을 깼다며?

　　나: 형이 깨 놓고 저한테 _____.

5

빈센조

5 ▸ Form Sentences

● **Grammar 1**

TOPIK Intermediate Level **-ㄹ/을 테니**

Verb **+ -ㄹ/을 테니**

- Used to express one's intention about doing or not doing something
- The preceding clause provides the reason for the following clause

Examples

○ I won't be drinking today, so don't worry.

○ I won't be late, so please wait a little.

○ I'll be sleeping in, so don't wake me up.

Chapter 5 *Vincenzo*

문법 익히기

● 문법 1

토픽 중급 -ㄹ/을 테니

> **동사** + -ㄹ/을 테니
>
> - 말하는 사람의 의지를 나타내는 표현.
> - 앞 절의 내용에 근거하여 듣는 사람에게 뒤 절의 내용을 요청할 때 사용한다.
>
> **예시**
> ──────────────────────────────
>
> ○ 오늘은 술을 마시지 않을 테니 걱정하지 마세요.
> ○ 일찍 올 테니 조금만 기다려 주세요.
> ○ 푹 잘 테니 깨우지 마세요.

5

빈센조

1 Complete the following sentences using "-ㄹ/을 테니."

① I'll study hard, so please teach me well.

② I'll cook the side dishes; you just cook the rice.

③ I'm going to take a phone call, so please be quiet.

2 Complete the following dialogues using "-ㄹ/을 테니."

① A: You're late again today.

B: I'm sorry. I won't be late anymore, so please forgive me this once.

② A: I'm so hungry.

B: I'll be making a trip to the market, so please wait a little.

③ A: There's so much work.

B: I'll be helping you, so don't worry too much.

1 위의 문법을 활용하여 문장을 완성해 봅시다.

① 한국어를 열심히 (_____/배우다) 잘 가르쳐 주세요.

② 반찬은 제가 (_____/만들다) 밥만 하세요.

③ 전화를 (_____/받다) 조용히 해 주세요.

2 위의 문법을 활용하여 대화를 완성해 봅시다.

① 가: 오늘도 지각했네요.

　 나: 죄송합니다. 다음부터 _____ 한 번만 용서해 주세요.

② 가: 배가 너무 고파요.

　 나: 시장에 _____ 조금만 기다려요.

③ 가: 일이 너무 많아요.

　 나: 제가 _____ 너무 걱정하지 마세요.

정답 예시 1 ① 배울 테니 ② 만들 테니 ③ 받을 테니
2 ① 안 늦을 테니 ② 다녀올 테니 ③ 도와줄 테니

5

빈센조

• Grammar 2

-거든

Verb/Adjective + -거든

- A final ending used to imply that what is said is obvious or justified
- Used with the assumption that the listener is unaware of what is being said
- Mostly used in colloquial language

Examples

○ I hurt my leg, so I can't exercise.

○ I stayed up all night, so I'm really tired right now.

○ She's still a minor, so she can't drink.

● 문법 2

토픽 중급 -거든

동사 / 형용사 + -거든

- 앞의 내용에 대한 이유나 사실 등을 당연한 듯이 말함을 나타내는 종결어미.
- 듣는 사람은 말하는 내용을 잘 모를 것이라고 생각할 때 쓴다.
- 주로 구어에서 사용한다.

예시

○ 다리를 다쳐서 운동을 못하거든.

○ 어제 밤을 새워서 지금 무척 졸리거든.

○ 아직 학생이라서 술을 마시면 안 되거든.

5

빈센조

1 Complete the following sentences using "-거든."

① I can't sleep if I drink coffee.

② Min-su can't come to school today. He's very sick.

③ Robert is good at English because he's American.

2 Complete the following dialogues using "-거든."

① A: Min-hui, why do you look so tired?

   B: I went to bed late last night after studying.

   A: You did? You study so hard.

   B: No, I didn't get much studying done. I work part-time every day.

② A: How did you lose so much weight?

   B: I wasn't able to eat much.

   A: Why not?

   B: I've been so stressed that I lost my appetite.

1 위의 문법을 활용하여 문장을 완성해 봅시다.

① 저는 커피를 마시면 잠을 (_____/못 자다).

② 민수 씨는 오늘 학교에 못 와요. 많이 (_____/아프다).

③ 로버트 씨는 영어를 잘해요. 왜냐면 (_____/미국인이다).

2 위의 문법을 활용하여 대화를 완성해 봅시다.

① 가: 민희 씨, 왜 이렇게 피곤해 보여요?
　　나: 어제 공부를 하느라고 늦게 _____.
　　가: 그래요? 공부를 정말 열심히 하시는군요.
　　나: 아니요. 공부 많이 못했어요. 매일 아르바이트를

　　　_____.

② 가: 왜 이렇게 말랐어요?
　　나: 밥을 많이 _____.
　　가: 왜 밥을 못 먹었어요?
　　나: 스트레스 받아서 입맛이 _____.

정답 예시 1 ① 못 자거든요 ② 아프거든요 ③ 미국인이거든요
2 ① 잤거든요/하거든요 ② 못 먹었거든요/없거든요

5
빈센조

1 **What part of Jang Jun-woo's body did Vincenzo shoot?**

① His brain   ② His ear   ③ His face   ④ His hand

2 ① What is Vincenzo's principle about death?

_____

② What did Vincenzo mean by "appetizer"?

_____

3 **Which of the following does Vincenzo intend to give the villains before death?**

① Joy   ② Sorrow   ③ Pain   ④ Humiliation

내용 확인하기

1 빈센조는 장준우의 어디를 쏘았습니까?

① 뇌   ② 귀   ③ 얼굴   ④손

2 ① 죽음에 대한 빈센조의 원칙은 무엇입니까?

_____

② 빈센조가 말한 애피타이저는 무엇입니까?

_____

3 빈센조가 죽음 전에 주려고 한 것은 무엇입니까? 두 가지를 골라
보세요.

① 환희   ② 슬픔   ③ 고통   ④ 수치심

정답 1 ② 2 ① 고통 없는 죽음은 축복이다. ② 귀를 쏜 것 3 ③, ④

4 Read the following statements about the scene and mark ○ if true and X if false.

① Jang Jun-woo killed a lot of people. (   )

② Jang Jun-woo killed Vincenzo's mother. (   )

③ Jang Jun-woo is also trying to kill Vincenzo. (   )

5 Why didn't Vincenzo kill Jang Jun-woo right away?

① Because he pitied him

② Because it was a hassle

③ Because he felt bad

④ Because he was fatigued

4 읽어보고 맞으면 ○, 틀리면 × 하세요.

① 장준우는 수많은 사람들을 죽였다. (   )

② 장준우는 빈센조의 어머니도 죽였다. (   )

③ 장준우는 빈센조도 죽이려고 한다. (   )

5 빈센조는 왜 장준우를 바로 죽이지 않았을까요?

① 불쌍해서

② 귀찮아서

③ 미안해서

④ 힘들어서

정답 4 ① ○ ② ○ ③ ○ 5 ②

#장면 1

빈센조   내 어머니를 죽인 건 악한 짓이 아니라 _____의

바보짓이었어. 니들이 그렇게 수많은 사람을 죽이고

나까지 죽이려 했던 걸 알면서도 내가 왜 너희를 안

죽였는지 알아? _____ ……. 난 해야 할 일이 있는데,

괜히 너희를 죽이면 _____ 일이 너무 많이 _____.

저런 작은 벌레 새끼들 죽이는 건 _____없지만…….

아무튼 너희 이제 죽어야 돼.

겁내지 마, 오늘은 아니니까. 내 _____이 하나

있거든. 고통 없는 죽음은 _____이라는 거. 앞으로

너희에게 두 가지를 줄 거야. 죽음보다 더한 _____.

그리고 고통의 단계를 천천히 느끼는 죽음. 저 쓰레기는

니들이 알아서 처리해. 그리고 나한테 _____ 생각하지

마. 시킨 사람이 누군지도 같이 밝혀 줄 테니까. 아,

그래도 _____는 있어야지.

- -

최명희: 회장님, 회장님!

#장면 2

장준우	어머니 _____는 잘 치렀어?
악당들	빈센조 빈센조 빈센조 빈센조…….
빈센조	_____에, 청력에는 문제 없구?
장준우	오. 니가 잘 _____ 덕분에. 근데 오늘 나 죽는 날인가?
빈센조	죽음 전에 내가 뭘 준다 그랬더라?
장준우	기억이 잘 안 나는데.
빈센조	귀를 쐈는데 뇌를 _____ 모양이네. 죽음보다 더한 수치심. 이걸 주기 위해 나는 오늘부터 너랑 _____ 를 둘 거야. 그리고 니 말들을 하나씩 없애 버릴 거구. 너 혼자만 _____ 남은 체스판 상상만 해도 창피하고 무섭지 않아?
장준우	아니, 체스만큼은 나도 질 생각이 없거든.
빈센조	_____ 너의 패배는 이미 시작됐어.

8 Assignment

①

There are many dramas and movies that depict criminal organizations like the Mafia. Recently aired Korean drama shows that deal with that topic include *Vincenzo*, *Mouse*, *The Penthouse*, and *Psychopath Diary*. Search for dramas and movies released in your country that feature criminal organizations and take notes.

Country:	
Drama Shows about criminal organizations	
Movies about criminal organizations	

과제 활동

①

마피아 같은 범죄 조직을 다룬 드라마나 영화들이 많은데요, 최근 한국
드라마 중에서는 〈빈센조〉, 〈마우스〉, 〈팬트하우스〉, 〈싸이코패스
다이어리〉 등이 있습니다. 여러분 나라에서 마피아 같은 범죄 조직을 다룬
드라마와 영화로는 또 어떤 것이 있는지 검색하고 메모해 봅시다.

나라:

마피아 드라마	
마피아 영화	

Read the following instructions and play the game.

Have you ever heard of the game Mafia? It's a sort of psychological party game.

The rules of the game are as follows:

① The game is best played by five or more people.
② In the beginning, the moderator secretly gives each person a role.
③ There are four types of roles: Mafia, citizen, police officer, and doctor.
④ When "night" comes (and everyone but the Mafia has their eyes closed), the Mafia can choose one person to kill.
⑤ When the "day" comes (and everyone has their eyes open), people can discuss who the Mafia is and select a suspect to kill.
⑥ The police can select one person and ask whether they are the Mafia. The moderator answers.
⑦ The doctor can protect a citizen or police officer when the Mafia tries to kill them.

The game continues until either the Mafia or everyone else is dead, and the surviving side wins.

1   What is the above passage about?

2   How does one win the Mafia game?

3   Break into groups and play the game.

다음 글을 읽고 게임을 해 봅시다.

> 여러분은 마피아 게임이라고 들어본 적 있나요? 일종의 심리 게임입니다.
> 마피아 게임 규칙은 다음과 같습니다.
>
> ① 보통 다섯 명 이상이 모여서 합니다.
> ② 사회자는 처음에 각 사람의 역할을 지목해 줍니다.
> ③ 역할은 각각 마피아, 시민, 경찰, 의사로 구분을 합니다.
> ④ 마피아는 밤이 되면(마피아를 제외한 모든 이들이 눈을 감으면) 시민
>   하나를 골라서 죽일 수 있습니다.
> ⑤ 낮이 되면(모든 이들이 눈을 뜨면) 시민들은 마피아가 누구인지를
>   토론하고 결정해서 죽일 수 있습니다.
> ⑥ 경찰은 한 명을 지목해서 마피아인지 아닌지를 알아볼 수 있습니다.
>   사회자가 답을 해 줍니다.
> ⑦ 의사는 마피아가 시민이나 경찰을 죽이려고 할 때 그들을 보호해 줄 수
>   있습니다.
>
> 이 게임은 마피아나 시민 중에서 한쪽이 전부 죽을 때까지 반복하고, 이
> 중에서 살아남은 쪽이 게임에서 이기게 됩니다.

1   위의 글은 어떤 내용을 담고 있습니까?

2   마피아 게임에서 이기려면 어떻게 해야 합니까?

3   팀을 나눠서 게임을 해 보도록 합시다.

Credits

Author	Lee Miok
Translator	Dury Moon
Publisher	Kim Hyunggeun
Editor	Chi Taejin
Copy Editor	David M. Carruth
Designer	Kim Yoojung
Content Illustrator	Kim Bitna

https://k-dramakorean.com